国家社科基金青年项目
"生成式人工智能服务主体的刑事责任研究"
(项目编号 23CFX067)阶段性成果

DeStW 德国刑事法译丛　　江溯/主编

〔德〕乌尔里希·齐白/著
李源粒/译　王芳凯/审校

Straftaten und Strafverfolgung im Internet

网络中的刑事犯罪与刑事追诉

Ulrich Sieber

北京大学出版社
PEKING UNIVERSITY PRESS

图书在版编目(CIP)数据

网络中的刑事犯罪与刑事追诉／（德）乌尔里希·齐白著；李源粒译．--北京：北京大学出版社，2024.12
ISBN 978-7-301-35056-0

Ⅰ.①网… Ⅱ.①乌… ②李… Ⅲ.①互联网络—计算机犯罪—刑事犯罪—研究—德国 Ⅳ.①D951.646

中国国家版本馆 CIP 数据核字（2024）第 095945 号

书　　　名	网络中的刑事犯罪与刑事追诉 WANGLUO ZHONG DE XINGSHI FANZUI YU XINGSHI ZHUISU
著作责任者	〔德〕乌尔里希·齐白　著　李源粒　译
责任编辑	潘菁琪　方尔埼
标准书号	ISBN 978-7-301-35056-0
出版发行	北京大学出版社
地　　　址	北京市海淀区成府路 205 号　100871
网　　　址	http://www.pup.cn　http://www.yandayuanzhao.com
电子邮箱	编辑部 yadayuanzhao@pup.cn　总编室 zpup@pup.cn
新浪微博	@北京大学出版社　@北大出版社燕大元照法律图书
电　　　话	邮购部 010-62752015　发行部 010-62750672 编辑部 010-62117788
印　刷　者	大厂回族自治县彩虹印刷有限公司
经　销　者	新华书店
	880 毫米×1230 毫米　A5　6.875 印张　139 千字 2024 年 12 月第 1 版　2024 年 12 月第 1 次印刷
定　　　价	49.00 元

未经许可，不得以任何方式复制或抄袭本书之部分或全部内容。
版权所有，侵权必究
举报电话：010-62752024　电子邮箱：fd@pup.cn
图书如有印装质量问题，请与出版部联系，电话：010-62756370

"德国刑事法译丛"编委会

主　编：江　溯

副主编：唐志威　王芳凯

编委会：(以姓氏音序排列)

　　　　　蔡　仙　陈尔彦　陈昊明　陈　璇　程　捷
　　　　　邓卓行　何庆仁　黄　河　敬力嘉　李　倩
　　　　　刘　畅　吕翰岳　石家慧　王　钢　王华伟
　　　　　徐凌波　徐万龙　喻浩东　袁国何　张正昕
　　　　　张正宇　张志钢　赵书鸿　赵雪爽　郑　童

"德国刑事法译丛"总序

在过去的二十多年里,随着刑事法治的初步确立和不断完善,我国刑事法学经历了一场深刻的知识转型。毫无疑问,在这场知识转型的过程中,德国刑事法学译著发挥着不可估量的推动作用。据不完全统计,迄今为止,我国已经出版了三十多部德国刑事法学译著(包括教科书、专著和文集),这些译著为我国刑事法学界广泛引用,成为我们学习和借鉴德国刑事法学,并在此基础上建构中国刑事法学体系的重要参考文献。对于那些不计个人得失、辛勤地翻译引介这些德国刑事法学著作的学者,我们在此致以深深的敬意和谢意。

近年来,中德刑事法学交流不断深入,已经有超过一百位中国学者和学生曾经或正在德国留学,他们通过阅读德语原始文献,研习原汁原味的德国刑事法学。在这个大背景之下,德国刑事法学著作的引介是否仍有必要?我认为,在未来相当长的时期内,我们仍然需要翻译大量德国刑事法学著作,这是因为,一方面,现有的德国刑事法学译著在数量上还非常有限,远远无法满足绝大多数尚不具备阅读德语原始文献能力的读者的需求;另一方面,我国刑事法学界和司法实务界对德国刑事法学的需求已经不再局限于掌握其基本理论学说,而是开始朝专题化、纵深化和精细化的方向发展。有鉴于此,我们联合了一批曾留学德国的志同道合的刑事法学人,共同设立"德国刑事法译丛",希望通过长期翻译出版德国刑事法学著作,为推动我国刑事法学的发展尽一点微薄之力。

这套"德国刑事法译丛"的编选,我们希望遵循以下原则:

第一,兼顾基础理论与前沿话题的引介。从目前国内引介的德国刑事法学著作来看,大多属于基础理论类的著作,这些著作对于我们把握德国刑事法学的总体状况大有裨益。当然,在坚持引介德国刑事法学基础理论著作的同时,我们希望能挑选一些与前沿主题例如网络犯罪、人工智能犯罪、医疗刑法等相关的著作。

第二,贯彻整体刑法学的思想。由于种种复杂的原因,目前国内引介的德国刑事法学著作大多局限于刑法教义学,德国刑事程序法、刑事制裁法、少年刑法等相关的著作仍非常稀少。我们希望通过这套译丛,破除刑事法学界内部的藩篱,实现真正的刑事一体化。

第三,兼顾教科书与专著的引介。在德语法学界,顶尖学者往往会出版高水平的教科书,一部高水平的教科书往往是一位学者毕生研究成果的集大成之作。对于我国来说,引介高水平的教科书是学习德国刑事法学的一条捷径。但是,我们还不能止步于此。随着我国刑事法学研究水平的不断提升,高水平专著的引介必然会成为一个趋势。

第四,平衡总论与分论的引介。刑法教义学是德国刑事法学的核心,过去我们比较注重对德国刑法总论著作的引介,而没有翻译过德国刑法分论的著作。随着我国学界对分论具体罪名研究的深入,我们对德国刑法分论著作的需求甚至超过了刑法总论著作,因此我们希望今后能更多引介德国刑法分论的著作,以便保持"营养均衡"。

本套译丛的出版得到了北京大学出版社副总编蒋浩先生和北京大学出版社第五图书事业部副主任杨玉洁老师的大力支持,在图书出版市场竞争日益激烈的今天,没有他们的慷慨应允,这套译丛是不可能问世的,在此我代表编委会全体成员向两位老师致以最诚挚的谢意!

江　溯

2021年8月18日

目 录

第一部分　导论：鉴定报告的对象、目标和方法 ……………… 001
　一、网络犯罪的挑战 ………………………………………… 003
　　1. 信息社会的易侵害性 ………………………………… 003
　　2. 安全法的含义 ………………………………………… 005
　　3. 改革工作的状况 ……………………………………… 006
　二、鉴定报告的目标和方法 ………………………………… 008
　　1. 目标确立 ……………………………………………… 008
　　2. 方法 …………………………………………………… 008
　三、阐述过程 ………………………………………………… 011

第二部分　法律事实分析：网络中的犯罪与刑事追诉 ……… 015
　一、网络中的犯罪 …………………………………………… 017
　　1. 针对信息系统完整性的犯罪 ………………………… 017
　　2. 针对传统法益（特别是财产）的犯罪 ……………… 028
　　3. 人格权侵害和数据保护 ……………………………… 030
　　4. 侵害著作权 …………………………………………… 033

5. 非法内容犯罪（以儿童色情为例） ………………… 037
二、网络中的刑事追诉 ……………………………………… 041
　　1. 计算机数据的全球化和普遍化 ……………………… 041
　　2. 网络的匿名化 ………………………………………… 042
　　3. 信息技术的反控制能力 ……………………………… 043
　　4. 需要进行评估的巨大数据量 ………………………… 044
　　5. 快速性与复杂性 ……………………………………… 045

第三部分　规范现状：国际框架和现行德国法 ……… 047
一、实体刑法 ………………………………………………… 050
　　1. 针对计算机系统和数据完整性的犯罪 ……………… 050
　　2. 数据保护犯罪 ………………………………………… 056
　　3. 著作权犯罪 …………………………………………… 060
　　4. 非法内容（以儿童色情为例）………………………… 065
　　5. 对财产和法律交往安全的攻击 ……………………… 073
　　6. 刑法的一般问题：特殊的服务商责任 ……………… 076
二、刑事程序法 ……………………………………………… 079
　　1. 干预授权 ……………………………………………… 079
　　2. 证据使用 ……………………………………………… 084
　　3. 司法组织措施 ………………………………………… 086
三、危险防范法和预防法 …………………………………… 087
　　1. 留存数据存储 ………………………………………… 088
　　2. 对儿童色情的网络阻断 ……………………………… 090
四、刑事追诉的国际合作 …………………………………… 092

1. 刑法适用法	092
2. 全球网络空间中的跨境侦查	096
3. 国际协作法	100

五、结论 ………………………………………… 104

第四部分　法律政策结论：改革需求与建议 ……… 105
一、实体刑法 ………………………………………… 107
1. 对计算机系统和数据完整性的保护 ………… 107
2. 人格权保护和数据保护刑法 ………………… 120
3. 通过著作权(刑)法保护创作者 ……………… 122
4. 非法内容(以儿童色情刑法为例) …………… 129

二、刑事程序法 ……………………………………… 133
1. 来源端电信监控 ……………………………… 133
2. 出于报应目的的在线搜查和在线监控 ……… 139
3. 对电子邮件和其他电信数据的扣押 ………… 140
4. 搜查和扣押 …………………………………… 144
5. 一般的提交和信息告知义务(特别是"产品令") … 146
6. 对于电信数据的特殊提交与信息告知义务 … 149
7. 访问有安全保护的计算机数据和终端设备
　(特别是披露义务和"解密令") ……………… 153
8. 为了保全数据的紧急程序(特别是快速冻结程序) … 157
9. 网络秘密侦查 ………………………………… 160
10. 证据使用 …………………………………… 162
11. 组织性措施 ………………………………… 162

三、危险防范法和危险预防法 ·················· 163
    1. 留存数据存储 ······················· 164
    2. 对非法内容的阻断 ·················· 173
四、国内刑法系统之间的合作 ·················· 177
    1. 刑法适用法 ························ 177
    2. 在全球网络空间中的跨境侦查 ·········· 181
    3. 机构和司法协助,以及建立国际机制 ····· 188
五、制定可持续的改革方案 ···················· 190

第五部分 结 论 ······························ 193
一、基础 ································ 195
二、实体刑法 ···························· 196
三、刑事程序法 ·························· 198
四、危险防范和预防 ······················ 199
五、国际合作 ···························· 199

译后记 ····································· 201

第一部分

导 论
鉴定报告的对象、目标和方法

Straftaten
und **Strafverfolgung**
im Internet

Straftaten
und **Strafverfolgung**
im Internet

对于文稿的各项建议、文献提示和/或批判性审读，

我特别感谢下列各位：

Michael Albrecht, Jörg Knupfer, Hans-Georg Koch, Nicolas von zur Mühlen, Wendelin Neubert, Hannes Schrägle,Christian Trentmann, Tatiana Tropina, Benjamin Vogel。

特别感谢

Nicolas von zur Mühlen先生，

他参与了2012年2月版本的第二部分中关于司法判决、文献来源和互联网资源的实证论述部分。

一、网络犯罪的挑战

1. 信息社会的易侵害性

网络中的刑事犯罪意味着针对现代信息社会的现实风险。主要的威胁是对计算机信息系统完整性的攻击（Angriffe gegen die Intigrität von Computersystem），特别是对数据的非法侵入、非法操纵和损毁，以及传播有害软件和非法获取访问数据。尤其是威胁到信息系统和通信系统的可靠性，由于这些已被安装的计算机软件在设计上的缺陷及其使用者疏忽，通常得不到足够的安全保障。因此现代社会的信息技术设施特别容易遭受到全世界实施犯罪的行为人通过网络所进行的攻击。此外，社会对其信息技术系统有着过多的信任，又会加重这一情形。

上述犯罪早已经不再是年轻黑客们的游戏了，而是已经危及着高度依赖于安全的数据处理和数据通信的经济、管理和私人领域的根基。这也关乎公司的计算机、公共部门的信息技术和每一个网络用户的个人电脑；这涉及诸多的计算机系统：银行、生产厂商、管理部门和军队的计算机系统，以及核能运输、医院和机场的计算机系统。这样的话，单个的风险会在（重要的社会、经济和技术网络都彼此紧密相连的）现代"网络社会"中得到增强。对某一网络的干扰能够引发对其他网络的多米诺骨牌效应。就此而言,信息技术具有至关重要的地位。特别是,它对于金融、能源、运输、管理和防御系统来说是生死攸关的。①

然而,现代信息技术的风险超出了计算机信息系统的完整性。国家和经济领域存储了大量的个人数据,这些数据高度的商业性价值和现代信息技术大规模的监视潜能,也从根本上威胁着**公民的私人领域**。现在,这种——通常是秘密的——为了商业目的对个人数据的收集、关联和去匿名化,将奥威尔式的受国家监视威胁的场景转移到了私人的数据收集上,但这些数据同时也可能被安全机关使用。

网络中的非法内容也会导致重大危险:数据可以在网络空间迅速、大量和全球范围地进行传播,而迄今为止还没有有效的国内控制的可能。儿童色情的传播也通过网络的通信可能性和匿名性而得到了极大的便利。数据的控制问题进一步表现为大规模实施的知识产权侵害、跨境赌博、非法销售产品,以及在网络上宣扬恐怖主义或极端主义。

此外,网络的另一个巨大价值是被用作传统犯罪(比如诈骗)的犯罪工具。全球网络空间中的匿名性和跨国犯罪可能性通常会简化犯罪行为的实施,并且加大刑事追诉的困难。不过,网络的功能也能引发新的监视与控制可能性,其能改善对犯罪的预

---

① 关于信息和网络社会的脆弱性,参见 Beck, *World Risk Society*, 1999; Bekkers/Thaens, Information Policy 10 (2005), 37ff.; *Sieber*, ZStW 119 (2007), 1 (16ff.)。

防与镇压。①

2. 安全法的含义

现代计算机系统的安全和对上述犯罪的阻止首先并不是通过法律规定来保障的,而是通过**技术、组织和人员的保护措施**(technische, organisatorische und personelle Schutzmaßnahmen)。因此,对于信息技术设施的完整性及对于人格和财产权利的保护来说,更加安全的信息和通信系统,以及在使用数字化的数据和通信设备时对其用户阐明风险,具有核心的意义。

在必要的刑事政策整体概念下,法律措施在许多犯罪领域确实只处于次要位置。**法律规范**当然对很多新的问题领域都具有重大意义,因为法律规范有约束力地将允许行为的边界予以清晰化,并且通过国家的制裁和强制手段使禁止性规则和命令性规则能够得到落实。此外,刑法和警察法是很重要的,因为只有它们能够提供对犯罪的追诉和预防所必需的强制手段,以及(特别是)对网络中攻击者的溯源,也会使域外侦查中的机构和法律援助成为可能。对于在基本权利敏感领域的干预密集型的措施,也只有法律能够保证,公民的自由和他的人格不被不合比例侵犯。因此,安全和自由利益之间的衡量以及发展相应的平衡机制,是新构建的信息安全法的核心任务。

阻止网络犯罪的法律措施需要一个包括**各种法律框架和法规模型**(verschiedener Rechtsregime und Regelungsmodelle)的全面概

---

① 关于相关犯罪形式见本节第二部分第一大点;关于刑事执法问题见本书第二部分第二大点。

念。这包括刑法、警察法、危险防范法、信息服务提供法、电信法等。此外，在全球网络空间中，法律规定的有效性也与正在形成的国际合作法和合适的国际制度高度相关。刑法规范能够进一步通过［包括公私伙伴关系（publich private partnerships）在内的］对经济的自我和合作监管（eine Selbst-und Koregulierung）而得到补充。此外，在个别情形下，比如著作权保护，又出现了一个——也是理论上很有意思的——问题，即在多大范围内，民事或者海关法律能够提供与特定刑事追诉措施在功能上的相当性。因此，在全面的安全法下不同法律领域之间的关联性，以及在一个整体的安全框架下其制度的约束力，才能保证更加有效的刑事政策。这种传统的部门法领域的灵活适用，当然必须特别考虑到——经常是领域特定的——该学科的法治国保障。①

3. 改革工作的状况

在德国，计算机犯罪的实体刑法问题已经由打击经济犯罪的专家委员会在20世纪80年代详细进行了讨论，在1986年打击经济犯罪的第二次法案中规定了对计算机系统和数据完整性的保护以及诈骗和伪造条款的犯罪情形。这部法案关注到信息特别的质料特征，并且也在国际上具有典范作用。还比如说1997年德国关于网络服务商的责任界定，是基于信息自由的原则，并且影响2000年相关欧盟指令的内容。②

---

① Sieber, in: Manacorda/Nieto(Hg.), Criminal Law between War and Peace, 2009, S. 35ff. (63ff.).

② 关于打击经济犯罪的专家委员会在本书第三部分第一大点第1点的第(2)小点和第5点的第(2)小点；关于服务商的答责性在本书第三部分第一大点的第6点。

与之相对，稍后出现的信息技术与通信技术的刑事程序问题至今未能引领一次全面的法律改革，而只是在现有法律的基础上进行了个别的补充。在刑法适用法和跨国线上侦查的领域出现的国际挑战，也没有促使立法者制定全面的改革方案。同样的情况还有，在法律中规定全面但在实践中却几乎没有得到适用的数据保护刑法。①

刑法学界近些年在个别的地方批评现有法律的缺陷，并且提出了新的解决方案②，但并没能弥补所缺乏的全面的法律改革。2011年刑法教师大会的专题报告也没有包括对于实体和程序的计算机刑法有任何更深远的改革议程。③ 因此，在德国缺乏一个——关注于信息独特特征的——全面的法律政策的整体分析和对法律改革需求的总结评议。

第69届德国法学家大会提供了这样的机会：虽然肯定不可能去解决所有——经常涉及艰深的技术性问题——网络犯罪和对其刑事追诉有关的问题。但是，这个在德国法律政策领域最享有盛誉的机构仍然大有可为，因为信息社会和信息技术的改变在德国要求一次新的、全面的和持续的法律改革，而如果在德国能够完成，那么这——像在20世纪80年代和90年代那样——也会给欧洲和国际的刑事政策带来新的推动。

---

① 对此本书第三部分第一大点的第2点和第四部分第一大点的第2点。
② Siehe besonders die Ausführungen von *Brodowski/Freiling*, Cyberkriminalität, Computerstrafrecht und die digitale Schattenwirtschaft, 2011, S. 81ff., onlime verfügbar unter: http://www.sicherheit-forschung.de/schriftenreihe/sr_v_v/sr_4.pdf.
③ *Klesczewski*, ZStW 123(2011), 737ff. und *schmölzer*, ZStW 123(2011), 709ff. Siehe dazu aber auch den umfassenden Beitrag zur Strafverfolgung im Internet von *Kudlich*, GA 2011, 193ff.

二、鉴定报告的目标和方法

1. 目标确立

这份鉴定报告的目标在于现有法律的改革；这份鉴定报告应当明确全面改革方案的必要性，指明相关的法律问题，并且制定相应的解决建议。它首先指向了德国法律的改革，但也指向了欧盟和其他国际行动者的规范。在此，分析对象主要是实体刑法、刑事诉讼法、危险防范法和国际刑事法律合作法。

在这些以实践为导向的改革议程背后存在一个研究的基本问题，即法律应当如何适应全球信息社会和风险社会所带来的新的特殊挑战。① 就此而言，这份鉴定报告的基础是一个假设，即在许多情形下，信息特殊的改革方案不仅可以优化刑事追诉的有效性及对自由权利的保护，并且能够完善安全法中经常彼此冲突的两个目标（安全与人权保障）之间的平衡。

2. 方法

鉴定报告的总结评议和改革思考采用犯罪学、比较法学和法教义学的方法：

研究的基础是经验—犯罪学的分析（第二部分），这是任何可信的刑事政策的前提。这提供了相关犯罪的一个概览，主要是其现象学和对其进行刑事追诉（的问题）。为此以由德国法学家大会所预先给

---

① 参见本书第4页脚注①。

出的宽泛概念"网络中的犯罪"（Straftaten im Internet）作为基础，这一概念在很大程度上涵盖了"网络犯罪"（Cybercrime）的概念。

除德国法律规定之外，比较法学的研究（第三部分）也讨论了目前由不同机构制定的国际解决方案。这部分集中于德国法律和国际规定的比较分析，而不是德国法律和其他国家国内法秩序的对比，其理由在于，有关的国际动议的立场凝结了许多专家的经验提议，并得到了他们的一致认可，这已经将不同国内法的解决方案包含在内了。①

因此，考虑到信息刑法的特征，法的教义学和法律政策是接下来的法律政策部分（第四部分）研究的主要方法，在这一部分主要是提出系统的解决方案，这一解决方案既要注意信息刑法的特点，又要注意电子信息和通信技术的发展。具有核心意义的是，数据由于其非物质本性，主要体现出来的是区别于传统有体性的法律对象的特殊性，这种特殊性要求一个独立的信息法领域：基于这种特殊性，信息法所提出的课题，不能够通过简单地将为有体性对象而制定的规范适用于数据和信息来实现。数学家诺伯特·维纳（Norbert Wiener, 1894—1964）对这种特点的叙述一语中的："信息是信息，不是物质或能量。任何不承认这一点的物质主义在今天都不能成立。"② 值得注意的是，现代信息理论和控制论的奠基者所作的这一本体性的定义，将"信息"置于与现代科

---

① Zu den Definitionsfragen *Sieber,* in: Sieber/Brüner/Satzger/v. Heintschel-Heinegg (Hg.), Europäisches Strafrecht, 2011, S. 393(394f.).

② Zit. nach *Steinbuch,* GRUR 1978, 579ff.(581). Vgl. auch *Wiener,* I Am a Mathematician, 1956(Deutsche Taschenbuchausgabe: Mathematik-mein Leben, 1965, S. 26ff.).

学世界观的基石——"物质"和"能量"相同的层面上。根据控制论的认知,信息既不是物质也不是能量,而是第三种"基本量",① 这给法学研究提供了重要指引,应当对仍然将为有体物而制定的法律规定不断扩大到信息法问题之上的解决方案,在每一个个别情形下加以追问,并且——像在传统的非物质法益法律中已经长期得到认可的——继续区分(有体的)数据载体、(无体的)数据和在数据中对使用者来说所包含的信息。②

此外,网络空间的全球性特征——特别是在互联网上,不仅为世界范围的数据传输提供了可能,同时也为跨国犯罪提供了帮助支持,因此对信息法的教义学构想以及信息和数据的实践规制来说具有突出意义。国家边境在网络犯罪中所扮演的角色与在传统犯罪领域中相比,要微小很多,因为领土界定的统治范围,在全球数据网络中真的很难实现。因此,注重国际和法律比较的方法路径,对信息法来说是具有重要意义的。③

在此之外,还有攻击者经常匿名和因此在确认行为人时所产生的技术问题。匿名和技术问题,会导致在对公民的人格保护和安全利益之间的艰难衡量。④ 另外,这也与在虚拟世界中发生变化的信任关系有关,在这种信任关系中,身份认证密码往往取代了人际间相识的作用。迅速发展的技术迭代也进一步加重了法律

---

① *Flechtner*, Grundbegriffe der Kybernetik, 5. Aufl. (1970, Nachdruck 1984), S. 16(77).
② Zu den Grundlagen des Informationsrechts *Sieber*, NJW 1989, 2569ff.(2573ff.).
③ Siehe dazu *Sieber*, in: Delmas-Marty/Pieth/Sieber (Hg.), Les chemins de l'harmonisation pénale, 2008, S. 127ff.
④ Dazu grundlegend *Brunst*, Anonymität im Internet, rechtliche und tatsächliche Rahmenbedingungen, 2009.

第一部分　导论：鉴定报告的对象、目标和方法　　　　　　　　　　011

规制的困难，并且迫使法律进行持续性的调适。法律必须通过功
能性的和技术中立的规则尽可能长远地预见这个持续的革新过程。

三、阐述过程

下面的阐述分为法律事实、法律和法律政策三部分。最后以
总结论述结尾。

　　第二部分从对于相关**违法犯罪**的分析开始。对其进行展
开的叙述限于与法律规定有关的方面，结尾将总结所出现的
侦查问题的原因。会尽可能清晰易懂地描述相关的技术原
理，但是细节的相关内容必须参见特别的文献。①

　　接下来的第三部分概括了现有的**规制框架条件**，作为改
革思考的**法律出发点**。对那些在第三部分中所包括的犯
罪，首先介绍各相关法律规定和国际组织的建议，主要包括
（经常彼此相互交织的）欧盟指令、欧洲理事会的条约、联
合国以及更多机构如 OECE 或者 WIPO 的建议。由于全球网
络空间的跨境本质和在其中实施的犯罪，这些国际规定不仅
仅是对于国内法律规定的理解，对于其有效实施来说，更是
不可或缺的。在这些介绍的每一部分后面接着德国法的概
览，这样就通过与国际框架相比较而得出来了关于必要改革

---

① Vgl. insbesondere *Tanenbaum*, Computernetzwerke, 4. Aufl. (2003). Speziell zum technischen Grundlagenwissen für die rechtlichen Sachverhalte *Sieber*, in: Hoeren/Sieber (Hg.), Handbuch Multimediarecht, 29. Ergänzungslieferung 2011, Teil 1.

的初步启示。这些关于**现行法**（lex lata）的详细阐述，除了涉及对相应违法犯罪进行规定的实体刑法（第三部分第一大点），也涉及刑事诉讼法（第三部分第二大点）和对互联网来说最重要的危险防范法和预防法（第三部分第三大点），以及刑事追诉的国际合作（第三部分第四大点）。

接下来的第四部分是关于有改革需要的领域的详细阐述。就此而言，关于实体刑法的部分（第四部分第一大点）主要涉及的是，对于部分长期以来就存在于核心刑法中的、数据保护刑法中的、著作权（刑事和民事）法中的以及色情刑法中的信息刑法的规则，进行必要的调整和体系化。在德国刑事诉讼法（第四部分第二大点）中迄今只实现了部分的法律改革。因此这里的中心问题点在于，针对有体对象所形成的干预权限，要根据数据和信息的特殊性去进行根本调整。与此密切相关的危险防范法和危险预防法（第四部分第三大点），在关于非法内容的留存数据存储和网络阻断的计算机特别问题上，提出一个基本的法律政策问题，即应当在多大程度上利用全面覆盖的信息技术的监控潜能。接下来提到的国内刑法系统之间的合作（第四部分第四大点）尚处于发展初始阶段，但是鉴于互联网中国内法律的实施缺陷，它必须承担起刑法和其机构国际化进程中的先驱角色。

17 考虑到这个场合，另外的国际——私人联合监管和新**公私伙伴关系**的新路径，就不能在这份鉴定报告中进行探讨了。这些工具提供了——恰恰是在难以控制的全球网络犯罪领域中，并且针对那些掌握技术并因此能够在全球产生影响的网络犯罪行动者——很有前景的新监管方法。但是它们也会引起民主的合法性和全球社会中如何控制的基本问题。① 因此，关于网络犯罪领域的相关问题和进一步的预防性改革进路，以及与国内法的法律规范的衔接问题，只能在对这份稿件进行扩展出版时才能都包括进来。那也将会对迄今出现的文献进行更加深入的研究，而这些文献在这里的框架下只能匆匆一掠而过了。

对于改革措施的机制化实施的思考以及总结论述（第五部分），很清楚地阐明了信息社会与其非物质性法益的挑战、国内层面难以控制的全球网络空间的问题和现代的网络互联的风险社会的安全需求，要求一个全面的改革构想。那么，与现有法律所能做到的相比，按照数字化社会的特殊性对法律进行调整，反而能够为刑事追诉，同时也是对公民自由权利的保护，提供更为有效的解决方案。

---

① *Sieber,* Rechtstheorie 2010, S. 151ff.

第 二 部 分

法律事实分析
网络中的犯罪与
刑事追诉

Straftaten
und **Strafverfolgung**
im Internet

对法律效果的经验分析是刑事政策的前提。因此下面将首先阐述可能进行的改革在**法律事实上的出发点**。按照德国法学家大会的主题,内容包括:第一,网络犯罪的相关现象;第二,由此产生的刑事追诉的问题。①

一、网络中的犯罪

网络犯罪包括各种不同的犯罪形式。② 下文主要按照法律分类,并结合法律执行的相关情况来介绍犯罪:在第 1 点中介绍针对信息系统完整性的攻击,接着在第 2 点中介绍在此之上借助不正确的计算机数据而实施的针对传统法益的攻击,然后在第 3 点中介绍与网络相关的违反数据保护法的行为,第 4 点是关于侵犯著作权的犯罪,第 5 点是关于传播非法内容的犯罪。

1. 针对信息系统完整性的犯罪

在经常发生并彼此相结合的网络犯罪中处于中心位置的是针对计算机系统及数据的完整性、可靠性和有用性的攻击。在侵入系统和对数据的截获、获取及控制之外,还涉及这些犯罪的前阶

---

① 第二部分由 Nicolas von zur Mühlen 共同完成,他担任马克斯-普朗克外国刑法与国际刑法研究所"信息法与法律信息学"小组的负责人。

② 关于"互联网犯罪""网络犯罪"诸概念的定义,参见 Sieber, in: Sieber/Brüner/Satzger/v. Heintschel-Heinegg (Hg.), Europäisches Strafrecht, 2011, S. 393(394f.).

段 (im Vorfeld) 行为。

(1) 侵入他人系统和非法获取数据

对计算机系统和数据的攻击（即黑客攻击）的关键，在于对计算机系统的非法访问 (der unberechtigte Zugang)，其通过对他人系统的技术侵入和对数据的截获而实现，并且通常以对受害者实施欺骗行为来进行预备或者提供支持。

对他人系统的侵入包括通过技术方法绕过计算机系统安全措施的一系列行为，例如"破解"（Knacken）密码。[①] 与此极为相关的还有通过所谓"**漏洞**"（Exploits）而利用计算机系统安全漏洞的行为。

通过进行漏洞利用，行为人能够输入特定序列指令以程序开发者未能预见的方式或方法获得对程序或整个系统的访问权限（Zugriff）。几乎所有系统都有漏洞。与此相关的还有所谓**路过式漏洞**（**Drive-By-Exploits**），利用它们只需要用户进行网页访问，不需要其他的操作，有害软件就可以被下载到计算机上并且开始启动执行。[②] 在一些情形中，这些攻击通过可信的在线平台，控制同样也并无恶意的市场营销在平台设置的网页广告条，就可以实现。[③]

---

① Dazu *Sieber*, in: Council of Europe, Organised Crime Situation Report, 2004, S. 64ff.

② BSI-Analyse zur Cyber-Sicherheit, S. 1, online verfügbar unter http://www.bsi.bund.de/DE/Themen/Cyber-Sicherheit/Analysen/cs_Analysen_node.html.

③ 比如2007年，社交网络Facebook就遭到通过使用恶意软件，利用Internet Explorer漏洞通过页面广告条的侵入，访问地址：http://news.cnet.com/8301-10784_3-9778829-7.html。

第二部分　法律事实分析：网络中的犯罪与刑事追诉

侵入他人系统的目标是获取其存储的数据，与此相对，截获数据的方法所涉及的是传输通路。① 攻击者用所谓中间人攻击（Man-in-the-middle-Angriff）的方法，切入两方参与的数据传输过程中，并能借此获取、利用和控制通信的内容。②

网络服务商的技术基础设施在一般情况下都受到良好保护，足够在这一层排除外部的通信截获。攻击经常针对通信的终端节点（Endpunkte der Kommunikation），即针对用户。这可以以网址嫁接攻击（Pharming）的方法通过事先控制其中一台参与的计算机系统来进行。这样网页浏览器就可以被有害软件（即病毒、蠕虫或木马）更改，将用户劫持到被控制的网页，比如劫持到一个伪造的网上银行页面，在这个页面上，受害者会天真地将其可信访问数据和转账数据传输给行为人。

上述通过欺骗用户而获得传输数据的行为可以被视为一种单独的攻击形式。但是在大多数案例中，欺骗只是对计算机系统进行技术侵入的预备（比如通过欺骗，促使用户给出访问数据或下载有害软件）。

钓鱼的方式是指，用户向一个——一般是通过电子邮件——用虚假身份伪装［所谓**伪造发信人邮件攻击**（**spoofing** ③）］的看起来值得信任的联系人，传输可信的访问数据，如用户名、

---

① *Sieber*, in: Council of Europe, Organised Crime Situation Report, 2004, S. 70ff.
② *Borges/Schwenk/Stuckenberg/Wegener*, Identitätsmissbrauch und Identitätsdiebstahl im Internet, 2011, S. 68ff.
③ 关于 spoofing 的定义，参见 *Borges/Schwenk/Stuckenberg/Wegener*, Identitätsmissbrauch und Identitätsdiebstahl im Internet, 2011, S. 17 ff.。

密码、PIN 密码和动态的 TAN 数字。① 也有的有害软件以看起来有用软件的形式［所谓木马（Trojaner）］，发送电子邮件给受害者为其提供下载链接，欺骗用户点击，以便接下来能够通过键盘记录（Keylogging）的方式探知（ausspähen）访问数据，或者以其他方式进入所涉系统并获取系统中的内容。② 现在，这种欺骗的传播途径除了通过电子邮件，还可以通过社交网络平台来建立。对此，攻击者经常伪造一个受害者认识的身份，以获得最高程度的信任［所谓鱼叉攻击（Spear-Phishing）］。③

计算机系统的访问经常作为**获取数据**的预备行为，并且与此——几乎是同时的——相关。获取数据的情形是对受到攻击的系统的完整性侵害的加深。不仅作为无正当权限的外部行为者对他人系统的访问可以导致这种对系统和数据完整性的侵害，对访问有基本权限的人员（比如合法登录的雇员或外部服务商），通过非法复制其有权使用的数据或者在有权使用的系统中进一步获取其他数据而滥用权限，也同样可以导致侵害。这些情形对将来的云计算具有更重要的意义，如果用户数据一般情况下常常是由网络中的外部服务商所管理的。④

---

① 关于 Phishing，见本书第二部分第二大点的第 2 点中的第(1)小点。

② 对此，参见 Sieber, in: Council of Europe, Organised Crime Situation Report, 2004, S. 66 ff.。

③ Höhmann, Die neuen Waffen der Phisher, online verfügbar unter http://heise.de/-1 365 436.

④ 关于 Cloud-Computing，参见本书第二部分第二大点的第 1 点。与此相关的改革要求，见本书第四部分第一大点第 1 点的第(5)小点。

(2) 更改和删除数据

在非法访问之外，主要是通过对于数据和系统的影响来侵害信息系统和数据的完整性。① 就此而言，重要的不是对硬件设施的物理损毁，而是删除、抑制或更改数据以及对计算机系统的损毁。

这些侵害主要是由有害软件（**病毒或蠕虫**）秘密侵入导致的，这些软件的执行不利于计算机系统运行进程并借此严重干扰计算机系统。一个严重的问题是**分布式拒绝攻击**[Distributed-Denial-of-Service(DDoS)-Attacken]。在这里，大量单独的计算机系统[**僵尸节点（Bots）**]同时对某一目标系统发起大量（通常是无意义的）询问，使目标系统在数据流量的重负下崩溃。为了进行此种攻击而使用的僵尸节点是被有害代码感染的主机，这些主机在网络中被攻击者秘密控制和远程操作，由此建立起一个**僵尸网络（Botnet）**。② 一个类似的问题是**垃圾邮件**，其中不仅包括不受欢迎的广告，还可能包括有害代码和钓鱼邮件。大规模发送这种电子邮件需要大量的系统资源，以便处理产生和累积的数据量。因此，垃圾邮件的一大部分也会通过大型僵尸网络所劫掠的主机来进行发送。

---

① 对此，参见 *Sieber*, in: Council of Europe, Organised Crime Situation Report, 2004, S. 76ff.。

② 参见下面第(3)小点。

（3）预备行为

在多种所描述的针对计算机系统和数据的完整性、可靠性和可用性的攻击形式中，病毒、蠕虫和木马在真正的行为实施的前阶段就已经发挥了作用。这些有害软件可能是耗费巨大精力开发出来的，并且适用于特殊的应用目的，就像2010年发现的蠕虫"震网"（Stuxnet）是以侵害伊朗核设施为目的的。① 但是在大多数情形中，这些程序通过特殊软件［所谓工具箱（Toolkits）］在模组化系统中进行开发，这里有些时候并不需要或者仅需要少量的编程知识。而为了对计算机系统和数据进行攻击使用的多种计算机软件同时也可以被用于对计算机系统的维护和安全检查［所谓**双重用途软件（Dual-Use-Software）**］。②

这些软件也可作为分析软件，通过系统检测追踪发现某一计算机软件或整个计算机系统中可能存在的漏洞，并对这些漏洞进行安全评估。对于"有害软件""分析软件"和"双重用途软件"的概念，需要一个预先的规范性判断，但这种判断的正确性只能是在计算机软件的具体应用中才能够得出。因此计算机程序也可能在安全领域被任意地认定为有害、分析或双重用途软件，但是从中却无法得出法律结论。

在对计算机系统和数据完整性和可靠性的攻击的预备中，对

---

① Brodowski/Freiling, Cyberkriminalität, Computerstrafrecht und die digitale Schattenwirtschaft, 2011, S. 68f.; zu Stuxnet siehe *Gaycken*, Cyberwar: Das Internet als Kriegsschauplatz, 2010, S. 175ff.

② Dazu *Spielkamp*, Das Trotzkopf-Prinzip, online verfügbar unter http://www.brandeins.de/magazin/der-deutsche-kampf-gegen-die-selbststaendigkeit/das-trotz-kopf-prinzip.html.

那些能够实现访问在线服务商的数据的交易，起着重要的作用。这里所涉及的主要是访问数据——通常是用户名和密码，包括对在线支付服务商（如 Paypal）的、对传统网络账户的、对在线"拍卖平台"（如 eBay）的、对在线角色扮演的、对电子邮件账户的、对通信服务商（如 Twitter）以及对社交网络（如 Facebook）的访问数据。① 攻击者使用这些数据对某一账户进行非法访问，紧接着继续实施与计算机相关的传统犯罪框架下的其他犯罪行为，受害者——以账户掠夺的方式或者以复制信用卡的方式——或者直接遭受财产损失，或者其身份被非法滥用以实施后续犯罪行为。

（4）有组织的 IT 犯罪

上述预备行为表明，攻击者在互联网中经常是有组织的。相比于早期黑客攻击是单个个体——通常是青少年——的行为，今天则**是国际化的、高度分工的有组织团体**，在——大部分是无法公开访问的——论坛和聊天网站中提供多种服务并且获得高额报酬。②

所谓**漏洞贩卖（Exploit Vendors）**专门对（部分尚且不为人所知的）**软件产品和计算机系统的安全漏洞**的相关信息进行交易。③ 其他的专业团体利用自己的知识编写相应的工具箱，利用这些工具箱就能为了实现使用目的而制造特定的有

---

① *Holt/Lampke*, Criminal Justice Studies, Vol. 23, Issue 1, 2010, 37ff.
② *Bolduan*, Technology Review 4/2008, S. 27ff.
③ *Brodowski/Freiling*, Cyberkriminalität, Computerstrafrecht und die digitale Schattenwirtschaft, 2011, S. 66.

害软件。① 这种工具箱的价格根据其功能范围而变化，从几欧元到上千美元不等。②

所谓**僵尸网络控制者**（Bot-Herdern）根据需求出租僵尸网络的控制权。这些网络由感染了有害软件和被中心控制服务器操纵的主机所组成。以灵活的使用可能性为基础，僵尸网络在互联网中建立起可以对计算机系统和数据的完整性和可靠性进行多种攻击的中心基础设施。按照"顾客"所设想的使用目的，僵尸网络主要是作为存储中介和隐藏 ip 地址的缓存服务器，提供用来传播有害软件和垃圾邮件的分布拒绝式攻击。③ 僵尸网络可以被看作"黑产"经济的云服务——到 2010 年仍然活跃的 BredoLab 僵尸网络曾经在世界范围内控制超过 3000 万台受侵袭的主机，拥有比许多商业云服务提供者还要多的信息技术资源。④

其他提供者则专注于**进行在线服务的访问数据的交易**。⑤ 这种访问的可能性可以通过具有键盘记录功能的有害软件或者通过广泛实施的钓鱼攻击而获得。行为人也经常通

---

① 通过同样进行交易的插件，也可以防止新生成的危害软件被病毒扫描系统识别出来。Vgl. Http://eval.symantec.com/mktginfo/enterprise/white/_papers/b-whitepaper_undergroud_economy_report_11-2008-14525717.en-us.pdf, S. 32。

② Aldi-Bot 在 2011 年卖 10 欧元，Vgl. http://www.heise.de/security/meldung/Malware-fuer-alle-Aldi-Bot-zum-Discount-Prise-1346456.html。

③ 对此，见本书第二部分第二大点的第 2 点。

④ BredoLab 僵尸网络由一个商业服务器集群的 143 个控制服务器来运营，直到其被荷兰当局接管，Vgl. http://en.wikipedia.org/wiki/BredoLab_botnet。关于云端参见本书第二部分第二大点的第 2 点。

⑤ Zum Handel mit gestohlenen Daten *Franklin/Perrig/Paxson/Savage*, An Inquiry into the Nature and Causes of the Wealth of Internet Miscreants, S. 1ff.

过大量对在线平台的黑客攻击而获得访问数据,通过黑客攻击,他们有时候能捕获数以百万计的用户信息。① 数据记录(Datensätze)会在特殊的非公开网络平台进行出售。其价格是依据数据量、数据的及时更新程度和出售者先前从其他"顾客"处获得的估值而确定。② 特别具有吸引力的数据记录会与账户所有者的其他个人数据,如(出生)姓名、生日和——在美国特别重要的——社会保险号码一起提供,这样就能成功地深入获取个人的数字身份。这种形式的合格的数据记录在银行账户的情形中以每条 5~260 美元的价格交易。③ 为了掩饰接下来数据收购者对账户进行掠夺时的付款路径,在中间环节上设置"财务代理",他们将金钱转移到自己账户上,赚取佣金,再将钱以现金转账的方式(如通过西联汇款)转移给主行为人。④ 这些**财务代理**经常是通过垃圾邮件的方式进行招募的,在许多情况下,他们作为洗钱者的角色根本不被察觉。

在这期间,对这里所提及的商品和服务的匿名支付在数字黑市上建立起一系列的**特殊货币制度**,包括预付支付方法[如预付卡支付(**paysafecard**)]和虚拟货币如**比特币**,其支

---

① 2011 年攻击者从 Playstation Network 复制来 7500 万用户数据,除地址、邮箱和出生日期之外也有信用卡信息, Vgl. http://en.wikipedia.org/wiki/Playstation_Network_outrage.

② 关于每个数据组的价格概览,参见 *Holt/Lampke,* Criminal Justice Studies, Vol. 23, Issue 1, 2010, 37ff.。

③ *Holt/Lampke,* Criminal Justice Studies, Vol. 23, Issue 1, 2010, 40.

④ *Spoenle,* in: Bellini/Brunst/Jähnke(Hg.),Current Issues in IT Security, 2010, S. 70f.

付过程通过去中心化的加密点对点网络来进行。①

但是,对计算机系统和数据完整性的攻击不仅仅是出于经济方面的原因。近些年,一些在所谓**黑客主义**框架下引起的轰动的黑客攻击——至少号称是②——也存在政治动机。重点是针对服务器的分布拒绝式攻击、**篡改**网页和**泄露**政治对手的机密信息。同样也可能出于恐怖主义动机,比方说有目的地实施对与安全密切相关的基础设施和机构如医院和发电站的黑客攻击。③ 可以预见的还有战争冲突中实施这种网络攻击。④

如果数据被本来拥有访问权限的人员进行复制,这就主要是**内部行为者(Innentäter)** 的问题。通常是公司的员工,他们——通常是离职前——复制可信的公司数据,为了转售或用其对公司进行勒索。⑤ 例如,当数据在子公司或者——比如,在云计算中——被转交给合同方的时候,雇员滥用——暂时还有权限的——数据访问。

(5) 犯罪数量和损失

数年来,德国警方犯罪数据统计(PKS)记录显示,在针对信息系统和数据的完整性、可靠性和可用性犯罪的领域,案件数

---

① Dazu *Stöcker*, Geld aus der Steckdose, online verfügbar unter http://www.spiegel.de/netzwelt/netzpolitik/0,1518,765382,00.html.

② 黑客主义的政治目标也经常被用来作为传统犯罪的托词,Vgl. http://www.kaspersky.com/images/Kaspersky%20report-10-134377.pdf, S. 5。

③ Dazu *Brunst*, in: Centre of Excellence—Defence Against Terrorism: Legal Aspects of Combating Terrorism, 2008, S. 63ff.

④ *Schmitt*, International Law Studies, Vol. 87 (2011), 89ff.

⑤ Vgl. dazu auch *Sieber*, NJW 2008, 881ff.

量快速上升。① 2009 年共有 7727 起案件，到 2010 年共有 15190 起案件。② 案件侦破率最后只有 24%，而在犯罪数据统计中，所有犯罪的平均侦破率是 56%。③

这些数字几乎没有说明网络和计算机犯罪的实际程度，因为这些统计数字反映的不是成功实施了的犯罪的总数，而仅仅是警察知晓的部分。这里面的差别在于，犯罪数据统计严重依赖于对犯罪的发现和人民的报案行为，因而犯罪黑数很难确定。特别在对信息系统完整性攻击的犯罪领域中，这是一种普遍现象，在数量上远超出了 PKS 的报告。

基于这种理由，很难估计这类犯罪所造成的相应损失。个别的研究对此只能提供一些粗略的参考。2010 年，一位反病毒软件制造者在德国发现了 473480 台受到木马感染的计算机，德国以此位居欧洲之首。④ 根据欧盟的一项研究，在 12 个月的期间内，所有德国互联网用户中有 22% 的电脑遭受病毒侵袭。⑤ 但是，根据这些数字很难得出由此造成的财务损失的预估数值。特别是在针对大型经济企业的黑客攻击中，通常不会将资产损失的金额告知

---

① 犯罪种类被登记在"根据德国《刑法》第 202a 条、第 202b 条、第 202c 条的非法探知、截获数据，包括预备行为"的名称（编号 678 000）下。

② *Bundeskriminalamt*, PKS 2008, S. 48; *Bundeskriminalamt*, PKS 2010, S. 50.

③ *Bundeskriminalamt*, PKS 2010, S. 50.

④ Vgl. http://www.symantec.com/content/de/de/about/downloads/press/Symantec_IS-TR16_V5Final.pdf; s. auch *Brodowske/Freiling*, Cyberkriminalität, Computerstrafrecht und die digitale Schattenwirtschaft, 2011, S. 68.

⑤ http://europa.ed/rapid/pressReleasesAction.do?reference=STAT/11/21&format=HTML&aged=1&language=DE&guiLanguage=en.

外界，以避免进一步丧失声誉。① 经济损失通常也不是直接由于信息系统和数据完整性、可靠性和可用性的侵害产生的，而是通过后续的犯罪造成的。下面将进一步介绍这些犯罪。

2. 针对传统法益（特别是财产）的犯罪

（1）侵害行为

攻击传统法益的典型案例是被称为"**身份盗窃**"和"**身份滥用**"的犯罪。② 与此特别相关的是滥用在钓鱼中获得的数据。③ 这可以通过清空账户、创建并使用复制信用卡［**盗刷**（Carding）］或让受害者承担损失的在线购物来完成。④ 但是财产外的其他法益也可能会受到损害。

在网络中存在广泛的诈骗犯罪。特别是所有类型的预付款诈骗，即所谓**骗局**（Scam）。相关的除前面已经提及过的"拍卖诈骗"外，比如，所谓**尼日利亚骗局**，行为人利用僵尸网络的资源给受害者发送垃圾邮件，受害者受垃圾邮件鼓动后为了获得声称是给他的一笔金钱而先行支付所需的转账费

---

① 关于索尼公司的案件，索尼公司在 2001 年遭受大规模黑客攻击，据初步估算，损失高达 1 亿 7700 万美元，参见 http://www.heise.de/tr/artikel/Erste-Lehren-aus-dem-Sony-Zwischenfall-1249976.html。

② Vgl. zu diesen Begriffen *Borges/Schwenk/Stuckenberg/Wegener*, Identitätsmissbrauch und Identitätsdiebstahl im Internet, 2011, S. 9ff.

③ Zu den einzelnen Methoden *Gercke*, Internet-related Identity Theft, S. 14ff., online verfügbar unter http://www.itu.int/osg/csd/cybersecurity/WSIS/3rd_meeting_docs/contributions/Internet_related.identity_theft_%20Macro:Gercke.pdf.

④ 关于这种价值制造过程，参见 *Brodowski/Freiling*, Cyberkriminalität, Computerstrafrecht und die digitale Schattenwirtschaft, 2011, S. 69ff.; *Spoenle*, in: *Bellini/Brunst/Jähnke*(Hg.), Current Issues in IT Security, S. 69f.。

用。发送这些垃圾邮件会利用僵尸网络的资源。

另外的情形包括**恐吓软件、流氓软件和勒索软件的攻击**。这些攻击借助有害软件,导致用户遭受欺诈或威胁而支付金钱。① 恐吓软件和流氓软件一般包装为病毒扫描软件,对受害者报告说发现有害软件并同时提出购买实际上不存在的或没有用的"反病毒软件"来有偿删除这些文件。② 这也是预付款诈骗的一种方式。勒索软件则是将受害者计算机上的文件进行加密,或者阻断其访问自己的计算机系统,这两种情况下,受害者都是要支付一定金钱后才能重新获得文件或访问权限。更常见的还有保护费勒索,受害者会被恐吓,如果不进行一定的支付,就进行分布拒绝式攻击来使其网站瘫痪。③

(2) 犯罪数量和损失

对与计算机相关的其他犯罪来说,很难得出实证的犯罪数量。从 PKS 那里仅能够获得一个粗略的参考。统计数据表明,对通过网络实施的诈骗犯罪来说,与对计算机系统和数据的完整性、可靠性和可用性的犯罪相比,没有非常明显的数量上升。2010 年有

---

① *Borges/Schwenk/Stuckenberg/Wegener*, Identitätsmissbrauch und Identitätsdiebstahl im Internet, 2011, S. 97ff.

② 通过浏览器窗口模仿错误消息来实施的类似形式的攻击,参见 *Borges/Schwenk/Stuckenberg/Wegener*, Identitätsmissbrauch und Identitätsdiebstahl im Internet, 2011, S. 98f.。

③ http://www.kaspersky.com/about/news/virus/2011/Expect_More_More_DDoS_Attacks_Tomorrow.

182562 起通过网络实施的诈骗犯罪，而 2007 年仅有 130038 起。① 这类案件的侦破率在 2010 年为 74.3%，比其他所有犯罪要高出 20%。②

此类攻击导致的损失也因为大量犯罪黑数而难以查明。因此，各个估计值相应地有很大不同。根据 IT 行业协会（BITKOM）和联邦犯罪调查局（BKA）的说法，在所有德国互联网用户中，有 7% 是"盗窃"在线服务、商店和电子邮件访问数据的受害者；5% 的互联网用户遭受了因为身份盗窃或者有害软件导致的财产损害。③ 据研究数据表明，一次成功的钓鱼攻击的平均损失为 3500 欧元，2010 年此类损失在全联邦范围内达到了 1700 万欧元。另外，有 11% 的互联网用户因为在线商店的诈骗而遭受损失。欧盟委员会的统计数据也得出了类似的结论，④ 而根据 IT 安全公司诺顿（Norton）的量化，2010 年因网络犯罪造成的德国私人用户的损失为 243 亿欧元，但是他们没有公布计算损失的方法。⑤

3. 人格权侵害和数据保护

（1）危险和侵害行为

对人格权的危险和侵害不仅仅限制在上述提及的情形（在这些情形中，黑客攻击造成了用户数据的泄露），还存在于日常使用

---

① *Bundeskriminalamt*, PKS 2007, S. 243; *Bundeskriminalamt*, PKS 2010, S. 255.
② *Bundeskriminalamt*, PKS 2010, S. 50.
③ http://www.bitkom.org/65019_65010.aspx.
④ http://europa.eu/rapid/pressReleasesAction.do?reference=STAT/11/21&format=HTML&aged=1&language=DE&guiLanguage=en.
⑤ http://de.norton.com/content/de/de/home_homeoffice/html/cybercrimereport/assets/downloads/de-de/NCR-DataSheet.pdf.

互联网的情形下。互联网日常使用的普及和发展导致个人数据处理的急剧增加。在这方面，大型国际公司如谷歌和 Facebook 提供的互联网 2.0① 服务，具有影响力。在众多应用中，为了能使用所提供的功能，用户自己——有意或无意间——提供了有关其个人生活的大量信息。这样的结果导致持续反复的数据处理和数据传输，而这些却因为没有明确告知而缺乏有效的同意。

对用户进行大量的个人画像（Persönlichkeitsprofile）是出于服务和应用的商业目的，通常是获得广告收入的目的。互联网用户通常会放任（in Kauf nimmt），因为提供的服务确实使他们的生活更加便捷。对服务提供商来说，用户的数据具有极高的市场价值，因为对于广告运营来说，关于当下广告受众的兴趣和行为的信息是至关重要的。服务提供商拥有的关于个人的信息越多，就能更加准确地进行个人画像，这不仅对广告行业，还对保险行业、潜在的雇主和银行也具有极大的用途。②

对这些公司的行为的违法性判断，不会是出于此类服务的用户自愿提供个人数据的事实。导致违法性判断的事实通常是，关于服务提供商是否收集了用户提供的数据以及在何种程度上收集、处理和存储数据，以便后续将其传递给第三方并将其与其他外部数据集进行关联，但用户经常是不清楚的。尽管在这方面，很多服务商都提供了数据保护声明，但是，这些对于天真的用户来说，往往就是无法理解的，特别是很多美国平台都不符合欧洲的数据保护标准。

---

① *Schmidt*, Web 2.0, S. 13ff.; http://oreilly.com/web2/archive/what-is-web-20.html.
② Zum Ganzen *Kurz/Rieger*, Die Datenfresser, 2011, S. 13ff.

此外，数据常常在互联网平台或者手机终端被收集，而用户对此基本毫不知情。为此，互联网市场公司在网站上使用**所谓网页浏览数据跟踪（Tracking-Cookies）**来进行广告投放，以便能够制作对网站访问者浏览行为描绘得更为周详全面的画像。① 同样的，智能手机应用时不时也复制——以使用者没有察觉到的方式——敏感数据，如个人电话本，到开发者公司的主机上。② 最后的这个例子表明，通过欺骗手段秘密读取用户系统数据的有害软件，与商业制作的暗中监视其用户的应用程序之间的界限，正在逐步消失。

(2) 犯罪数量和损失

目前，在德国，几乎没有对违反数据保护的行为提起刑事诉讼的案件。就《联邦数据保护法》(BDSG) 的刑法条款和各州数据保护法来说，2010 年 PKS 的统计数据显示有 3 位数的案件数量，③ 但是根据 2010 年的刑事追诉数据，只有 5 个人因为违反《联邦数据保护法》而被判处罚金。这种执行不足的原因是，在这个违法犯罪领域的许多公司都地处国外，尤其是在美国。④

对个人数据进行不谨慎的处理，会对社会造成严重的负面影响。结果可能是限制公民不受约束的民主权利和必要的通信自由

---

① 使用其他技术时,这些 cookie 通常只能由有经验的用户从系统中删除。网络中一般的用户追踪 *Maisch*, ITRB 2011, 13ff.。关于所谓 Flash-Cookies, 参见 http://de.wikipedia.org/wiki/Flash-Cookie。

② http://heise.de/-1435069。

③ 2010 年有 748 起,参见 *Bundeskriminalamt*, PKS 2010, S. 53。

④ *Kühlung/Sivridis/Schwuchow* et al., DuD 2009, 335ff.;*Köppen*, DSB Nr. 6 (2010), 13f. m.w.N.

基本权利的行使,而这种基本权利本来是为了使公民免于遭受任何不利的后果。联邦宪法法院(BVerfG)在人口统计案判决(Volkszählungsurteil)中已经阐明,如果人们因为感到不安全,不知道自己一些偏离常规的行为是否会被以信息的形式长期记录下来,他们就会尝试去避免这样的行为。①

4. 侵害著作权

(1)侵害行为

在近 200 年内,信息技术和通信技术的变化导致著作权侵权行业大幅度增加。造成这种情况的原因主要是,数字商品在现代信息社会中至关重要,廉价且功能强大的数字终端设备具有超大的存储能力,互联网上全球范围内数据迅速传播的可能性,以及文件共享网络(File-Sharing-Netzwerken)、与特定门户网站相关的共享主机服务、流媒体托管服务和网络新闻组服务(Share-Hosting, Streaming-Hoiting and Usenet-Diensten)。②

1998 年到 2008 年,互联网上侵犯著作权主要是通过滥用**文件共享网络**[也被称为网络交易所(Tauschbörse),或者点对点网络(Peer-to-Peer-Netzwerke)],这种方式直到今天也具有重要意义。根据最新研究,全世界的数据交易有 25% 是通过文件共享网络进行的,其中在文件共享网络上,大约

---

① BVerfGE 65, 1 (43).
② 对此以及结果,参见 Sieber, in Sieber/Brüner/Satzger/v. Heintschel-Heinegg (Hg.), Europäisches Strafrecht, 2011, § 26, S. 435。

18%是通过种子（BitTorrent）进行。① 据估计，通过种子进行传播的内容中大约有 64.4%是侵害了他人权利的。② 文件共享网络的基本特征是，所有通过网络相连的电子终端不仅仅是作为请求数据的计算机系统［所谓**客户**（Clients）］，而是也以单个文件或片段的形式为所有其他网络参与者提供访问［作为所谓**服务器**（Server）］。这样在网络中可获得的数据不仅仅是位于一小部分容易在法律上受到责难的计算机系统上，而是在大量设备上。

目前的重点是［除了在此不予展开细述的网络新闻组提供者（Usenet-Providern）］所谓**共享主机**［也被称为一键式托管（One-Click-Hoster）、网盘（File-Hoster）或者网络锁（Cyberlocker）］和流媒体托管服务器。③ 对这些行为的法律评判需要准确了解所涉各方之间的互动联系，因为各个商业服务模型都处于难以分辨的合法和犯罪活动之间的边缘区域：对外分享式和流媒体主机首先可以为他们的用户提供——像很多主机服务提供者那样——数百兆字节或几千兆字节的存储空间，这样用户就可以进行千百兆字节的上传和下载。外部人员无法搜索主机服务器上的内容，因为只有相应的上传者才会收到用于

---

① Vgl. http://documents.envisional.com/docs/Envisional-Internet_Usage-Jan2011.pdf, S. 47.

② Vgl. http://documents.envisional.com/docs/Envisional-Internet_Usage-Jan2011.pdf, S. 51.

③ GfK, Studie zur digitalen Content-Nutzung (DCN-Studie) 2011, S. 6, online abrufbar unter http://www.gvu.de/media/pdf/780.pdf. Zu dem folgenden Komplex auch *Bachfeld*, c't 2011, Heft 1, 86ff.

下载其文件的特定直接链接。然后，上传者将受著作权保护的内容的链接放置在盗版门户网站和论坛的数据库中，从而将其发布，供任何第三方进行检索。① 与主机服务器不同，在这些论坛中还可以定向搜索那些特定受版权保护内容的链接。通过这些链接可以从共享和流媒体主机下载指定的内容，或直接通过流媒体进行观看。②

通过上传而提供链接并不是出于无私的动机，而是要获得奖励，这些奖励是共享和流媒体主机托管服务提供者特意通过悬赏而提供给那些用户的，因为这些用户在其主机上保存了那些受到最多次请求的内容。支付这种奖励的理由在于，共享和流媒体托管服务提供者的（非法）内容的高度吸引力为其带来了更多的广告收入，并且激发其他客户为了更为舒适的服务，如更高的下载速度，而对其支付费用。

盗版门户网站和共享主机之间还有一种**链接来源地址服务**（**Link-Referrer-Dienste**），会掩盖指向存储在共享主机上的受版权保护内容的链接。③ 这样一来，权利所有者往往无法使用特别的搜索程序自动找到共享主机上的"事实存在的"链接并阻断其访问，而是必须手动核查它们，这非常耗时。最近针对 kino.to④ 和 megaupload.comd⑤ 的诉讼程序中的侦查表明，至少有个别共享主机在后台有意地与运营盗版

---

① *Altenhain/Liesching*, JMS-Report 4/2011, 3.
② http://documents.envisional.com/docs/Envisional-Internet_Usage-Jan2011.pdf,. 15.
③ *Altenhain/Liesching*, JMS-Report 4/2011, 3.
④ Vgl. http://heise.de/-1257486.
⑤ Vgl. http://heise.de/-1417529.

门户网站和链接来源地址服务商在进行合作,尽管其对外还表示自己谴责侵犯版权内容的上传和下载。

(2) 犯罪数量和损失

PKS 数据统计给出的侵犯著作权案件的数字从 2007 年的 32049 起下降到 2010 年的 8375 起。① 这么巨大的减少主要是因为经过变更的报案程序和侦查机制:2008 年《著作权法》(UrhG) 第 101 条规定了知情权要求,导致在上述所提到的文件共享网络领域中,权利所有者自行开展法律行动。

像所有其他大规模犯罪现象那样,犯罪黑数很难确定。但是,访问通路提供商(Access-Provider)的陈述提供了当前侵犯版权犯罪的规模极为庞大的最新依据,在关于留存数据存储(Vorratsdatenspeichung)和快速冻结程序(Quick-Freeze-Prozeduren)的讨论中,他们称,每月要为所有德国服务商指定 300000 次有关网络连接的查询。② 据软件产业界估计,在 2010 年,全球所有个人电脑中的计算机软件大概有 42% 是通过非法方式获得的,这导致了约 590 亿美元的损失。③ 音乐产业界认为,每年全世界的音乐盗版的损失总和高达 125 亿美元。④ 这些陈述——因为下载和复制数量与著作权人损失掉的收益是对不上的——当然是有问题和争议的。但是,对统计方法和总计结果的有理有据的怀

---

① *Bundeskriminalamt*, PKS 2010, S. 53.
② http://www.eco.de/2011/pressemeldungen/300-000-adressen-pro-monat-erfolg-reicher-kampf-gegen-illegale-downloads.html.
③ http://portal.bsa. org/globalpiracy2010/downloads/study _ pdf/2010: BKA _ Piracy _ Study-Standard.pdf.
④ http://www.riaa.com/physicalpiracy.php? content_selector=piracy_details_online.

疑却不能改变这样的事实,就是盗版——特别数字——产品正在以前所未有的规模侵害艺术家和软件产业、音乐产业及电影产业的权利。

5. 非法内容犯罪（以儿童色情为例）

网络提供了难以计数的非法内容,从色情到歧视宣传再到恐怖主义宣扬。这包括传播非法服务,如赌博、收养介绍或者代孕,以及限制经营或禁止的物品,如武器、弹药或毒品。

在现在这个框架下,全面介绍这些犯罪是不可能的。因此这份报告对非法内容领域和相关法律问题的分析仅以（特别是儿童）色情为例,这一问题在关于网络非法内容的法律讨论中占据主导地位,并且这方面也已经存在广泛的法律和谐化。

（1）儿童色情的形式

在许多研究中,对儿童的色情展示是根据所谓 COPINE 体系（COPINE-System）来进行评估的,这个体系对儿童的色情展示从 0—10 的范围内进行不同程度的区分。① 下面的几个等级一般来说不具有刑法上的相关性,而中间的范围代表的是所谓摆拍照片（Posingfotos）,在德国这就已经是犯罪行为了。包含暴力展示的儿童色情图片则属于最后两个等级。一项研究表明,2000 年在美国一年间就有 1713 起与持有儿童色情制品相关的刑事犯罪,对其

---

① *Meier/Hüneke*, Herstellung und Verbreitung von Kinderpornographie über das Internet, 2011, S. 48f., online verfügbar unter http://www.whiteit.de/downloads/Studie020511.pdf.

的评估显示，其中的 21% 有发现儿童色情图片。① **虚拟的儿童色情**，像是以漫画或计算机呈现的形式，在网络中进行传播。值得关注的是 2007 年的在线角色扮演游戏 *Second Life*，其中提供儿童虚拟人物作为性伴侣。②

（2）传播途径

在网络中进行儿童色情传播并不仅限于万维网（WWW）。万维网——恰恰相反——并非传播儿童色情的主要途径。除了**网络新闻组**，如今更多的是以文件共享网络、电子邮件和聊天服务为主。③ 与一个流行的观点相反，几乎没有相关证据表明，不需要特别知识就可以在网络中轻而易举地找到儿童色情影音。④ 因为儿童色情往往都是在封闭的群组和论坛中才能获得，而加入其中的访问权限是受限制的，只有当有此种企图的人（经常是新人）首先本人提供儿童色情资料时才可以（根据德国法律，警务人员禁止这样做）。⑤ 这样就可以保证，侦查机关无法获得这些群组和论坛的访问权限，极大提高了刑事追诉机关的工作难度。

---

① *Wolak/Finkelhor/Mitchell*, Child-Pornography Possessors Arrested in Internet-Related Crimes, S. 5, online verfügbar unter http://www.missingkids.com/en_US/publications/NC144.pdf.

② http://www.spiegel.de/netzwelt/web/0,1518,481 467,00.html.

③ *Kuhnen*, Kinderpornographie und Internet, 2007, S. 94ff.; *Meier/Hüneke*, Herstellung und Verbreitung von Kinderpornographie über das Internet, 2011, S. 66; *Sheldon/Howitt*, Sex Offenders and the Internet, 2007, S. 102.

④ *Kuhnen*, Kinderpornographie und Internet, 2007, S. 132.

⑤ *Meier/Hüneke*, Herstellung und Verbreitung von Kinderpornographie über das Internet, 2011, S. 66.

(3) 商业化

据联合国 2009 年的一份报告称,全世界儿童色情的销售额高达 30 亿~200 亿美元,① 但是没有实质的证明。部分国际合作的警察行动,例如 DATA 和 Mikado 的行动,② 估计德国的信用卡在儿童色情项目的花费转账数额为 2200 万美元,这样的规模体现了在儿童色情领域的巨大商业化背景。

当前的研究无法提供证据证明,儿童色情交易已涉及 10 亿级别的庞大市场。在 2010 年,一项研究调查了为了牟利而提供儿童色情的网站及新闻服务器的提供者,它们会为了报酬而提供对于那些有儿童色情影音的网络新闻组等的访问权限。这项调查的结果表明,与其他形式的在线犯罪相比,提供儿童色情内容的、商业性的网络服务提供商收入不高。此外,在提供网络儿童色情服务的背后主要是个人,而不是像其他在线犯罪领域那样,是复杂的有分工的结构。③

汉诺威大学的一项研究也没有发现存在一个有利可图的大规模市场。其理由在于,在网络中也可以从其他来源免费获得儿童色情影音。因此,现有的商业化供给主要是针对那些尚未获得相关资源的"新手"。两项研究均未发现任何迹象能够表明,儿童色情图片或视频是由商业网站的经营者制

---

① *UNHRC,* Report of the Special Rapporteur on the sale of children, child prostitution and child pornography, A/HRC/12/23 13 July 2009, No.44.

② 关于 Mikado 的行动,参见 http://de.wikipedia.org/wiki/Operation_Mikado。

③ *European Financial Coalition,* 14 months on: A combined report from the European Financial Coalition 2009-2010, 2010, S. 7, 13f., online verfügbar unter http://www.ceop.police.uk/Documents/EFC%20Strat%20Asses2010_080910b%20FINAL.pdf.

作的。新制作的图片将主要通过封闭的用户组进行传播。支付主要是通过信用卡,接下来再通过西联汇款进行现金转账。①

(4) 犯罪数量

PKS 数据显示,在涉及儿童色情的四个关键领域中,2010 年约有 6000 起案件,但未说明在互联网背景下实施了多少起犯罪。2007 年的总数则明显更多,为 11807 起。青少年色情领域在德国有 587 起犯罪被记录在案。互联网观察基金会(Internet Watch Foundation)认为,按照他们的标准,在德国,2007 年网络中共有 28809 个页面是包含儿童色情内容的②;2010 年仍有 16739 个页面③。对这种减少的可能解释是,服务商在自我监管措施的框架下作出了极大的努力,以删除相关内容。INHOPE 是对非法内容进行网络投诉的联合组织,在 2010 年共报告了 21949 起相关图片和视频的网络页面案件。④ 这些数字的说明力度自然是有限的,因为儿童色情图片和视频的交易一般是在封闭的平台如论坛和聊天室中进行的,从外部很难进行评定。

---

① Meier/Hüneke, Herstellung und Verbreitung von Kinderpornographie über das Internet, 2011, S. 14f., S. 18, S. 20, S. 95ff.

② IWF Annual Report-2010, online verfügbar unter http://www.iwf.org.uk/assets/media/annual-reports/Internet%20Watch%20Foundation%20Annual%20Report%202010%20web.pdf.

③ IWF Annual Report-2007, online verfügbar unter http://www.iwf.org.uk/assets/media/IWF%20Annual%20Report%202007.pdf.

④ INHOPE Annual Report 2010, online verfügbar unter http://www.inhope.org/Libraries/Annual_reports/2010_Annual_report.sflb.ashx.

二、网络中的刑事追诉

现代信息技术和网络造成了刑事追诉机关侦查案件需要面临挑战。问题不仅在于新的犯罪现象本身，而是在于数字侦查领域的基本特征。这些影响体现为，传统犯罪展示出与网络的关联性。此外主要还有全球化、匿名化、反控制能力、数据量以及新媒介的速度与复杂性所带来的基本变革。[①]

1. 计算机数据的全球化和普遍化

网络是一个全球性的媒介。信息可以在不到一秒钟的时间内跨越国界散布到世界各地。犯罪内容在公开的服务器上可以从地球上的任何国家进行访问。犯罪行为可能来自任何地点，并且能在世界的任何地方造成损失。使用僵尸网络或者传播病毒，所涉及的往往是遍及全球的犯罪行为地的大量主机。有分工有组织的犯罪结构通常从各个国家通过计算机系统进行行动，这些计算机系统同样散落在全世界。[②] 在云计算中，数据动态地从服务器中心分发至全球各地，并且在持续的数据流中不断跨越国家边界。[③] 因此如果没有其

---

① 关于刑事追诉的问题及在现代信息技术和形式化的刑法体系之间的紧张关系的总结，参见 *Sieber*, in: *Delmas-Marty/Pieth/Sieber*(Hg.), Les chemins del' harmonisation pénale, 2008, S. 127(134ff.)。

② 参见第二部分第一大点第 1 点的第 5 小点。

③ Zu dieser Problematik *Spoenle*, Cloud Computing and cybercrime investigations, S. 5ff., online abrufbar unter http://www.coe.int/t/dghl/cooperation/economiccrime/cybercrime/documents/internationalcooperation/2079_Cloud_Computing_power_disposal_31Aug10a.pdf.

他信息，往往无法从一个云服务提供者那里得知用户数据当下位于哪个服务器中心。

与此相对，刑事追诉机关的行动可能被限制在国内的领土上，因此要访问位于国外的计算机系统的数据，通常只能通过非常耗时的司法协助程序来实现。① 在越来越多的情况下，刑事追诉机关无法知晓作为其侦查对象的信息到底位于哪一个国家的领土上，因此就无法确定，对特定数据的访问是否会涉及国家领土或者侵犯其他国家的主权。

2. 网络的匿名化

网络使世界范围内的近乎完全匿名的行动成为可能。② 因此追踪犯罪嫌疑人特别困难。网络中计算机系统间的通信是通过所谓的 IP 地址来进行的，通过 IP 地址就能在技术上准确识别并且找到参与通信的主机。③ 但是当前 IP 地址因为其本身的短缺而在大部分情况下（仍然是）动态分发的。④ 因此，与使用静态 IP 地址相比，这样的情况也很难跟踪数据，因为还需要确定哪个 IP 地址在什么时间连到哪个线路。类似的情况还有，当 IP 地址是由外国的服务商提供的时候，德国刑事追诉机关不能直接获得信息。⑤ 使用匿名化服务也会产生困难。这些匿名化服务插入用户

---

① 参见第四部分第四大点的第 3 点。
② *Brunst*, Anonymität im Internet, rechtliche und tatsächliche Rahmenbedingungen, 2009.
③ IP 地址可以比作一个信封，显示发送者和接受者，在里面是信息的组成部分，也即数据包。对技术背景更深入的介绍，参见 *Sieber*, in: *Hoeren/Sieber*(Hg.), Handbuch Multimediarecht, 29. Ergänzungslierfung 2011, Teil 1Rn. 52ff.
④ 随着 IP 协议转换为第 6 版（IPv6），在将来可预见的一段时间内不会再出现资源问题，参见 http://de.wikipedia.org/wiki/IPv6。
⑤ 参见第四部分第四大点的第 2 点。

的计算机系统和目标计算机之间进行线路切换，因此可能使追踪——尤其是在使用去中心的匿名网络如 TOR 时——变得更加困难。① 即便是在那些 IP 地址明确归属于某一计算机系统的案件中，也无法说明是哪个人实际使用了这台计算机系统。

3. 信息技术的反控制能力

网络匿名性是导致其反控制的原因之一。到目前为止，互联网还具有以下特点：它具有分散的体系结构，没有中央集中的控制或传播机制——是由 **IP 协议**来确定从发送方到接收方进行数据包传输的最快的可用路径［所谓**路由**（Routing）］。因此，某一条信息（如一封电子邮件）的这些数据包往往是通过不同的路径而到达的，并且以不同的顺序到达目的地，然后通过网络协议重新组合。迄今为止，该技术意味着在网络上传输的消息——接入节点或中央传输站点除外——几乎没有办法在任何传输节点上被完整地拦截，因此很难进行检查。② 在这一点上，目前网络有发生变化的迹象，必须仔细观察。③

加密过程也对网络的反控制具有重要意义。④ 有了加密，网

---

① Dazu vertiefend *Brunst,* Anonymität im Internet, rechtliche und tatsächliche Rahmenbedingungen, 2009, S. 130ff.; *Kudlich,* in: Hilgendorf (Hg.), Informationsstrafrecht und Rechtsinformatik, 2004, S. 1ff.

② Vgl. *Sieber,* in: *Hoeren/Sieber*(Hg.), Handbuch Multimediarecht, 29. Ergänzungslieferung 2011, Teil 1, Rn. 1ff., 70.

③ 现在，如果需要优先传输特定的数据和内容，服务商能够在技术基础上有针对性地干涉数据包路由进程。对此，参见 *Koenig/Fechtner,* K&R 2011, 73f.。也可参见德国联邦议会科学部门的报告，*Bullinger,* online abrufbar unter http://www.bundestag.de/internetenquete/dokumentation/Sitzungen/20100614/A-Drs__17_24_001_-__Netzneutralit__t.pdf。

④ 关于解密，参见 *Brunst,* Anonymität im Internet, rechtliche und tatsächliche Rahmenbedingungen, 2009, S. 172ff.。

络**通信**就可以顺利进行,侦查机关不能通过监控措施直接获得对于通信内容的认知。类似的问题还有对**数据存储内容**的加密。现在常用的加密方法使用了较长的临时密钥,这些临时密钥无法在合理的时间范围内进行解密。① 因此侦查机关在许多案件中只能使用木马程序,对他人主机在那些还没有被加密的接口上进行秘密监控,但是这也会引发重大的法律和技术问题。②

网络的反控制能力导致数据交换往往能在封闭的组群中隐蔽进行。行为人经常利用封闭的通信平台,因此侦查人员只能——在他们被禁止的情况下——首先自己实施犯罪,才能获得对这些通信平台的访问。③ 在这种情况下,所谓暗网(Darknet)也变得越来越重要。这些互联网领域由于各种原因无法被搜索引擎找到(即比喻为黑暗的)。这也包括封闭的文件共享网络,比如,匿名化网络 TOR,只有知道相关地址的用户才能获得访问。④

4. 需要进行评估的巨大数据量

侦查人员所面临的巨大的数据量也是导致侦查困难的一个原因。据估计,互联网目前有 20 亿用户。⑤ 互联网上的商用计算机系统和云服务为用户提供了几乎无限的存储可能,而这些只有在有限的范围内才能进行自动鉴定。用户会在各种网络服务中,比

---

① *Brodowski/Freiling*, Cyberkriminalität, Computerstrafrecht und die digitale Schattenwirtschaft, 2011, S. 126.
② 参见第四部分第二大点的第 2 点。
③ 参见上面第二部分第一大点的第 5 点中的第(2)小点。
④ Dazu *Brunst*, Anonymität im Internet, rechtliche und tatsächliche Rahmenbedingungen, 2009, S. 93.
⑤ http://www.internetworldstats.com/stats.htm.

如社交平台或搜索引擎，留下大量的数据痕迹。① 这些数据痕迹——相关的访问可能性以扣押方式为前提——也能够提供给侦查机关。然而，对现有数据量的评定会占用侦查机关许多的人力和技术资源，并往往会因此增加其工作难度。

5. 快速性与复杂性

其他的执法困难来自网络的快速性与复杂性以及其变动性。在快速性方面涉及的主要是数据的迅速传输和变动，而侦查机关很难跟上：当数据能瞬间在全世界范围内进行发送、加密、掩藏或者删除的时候，与此相对，对数据进行保全和扣押的法律程序——必须以书面形式——却需要花费非常多的时间。若是在有些环节上还需要外国的机构或法律协助，则更是如此。

信息技术的高速革新提高了所使用的系统的多样性与复杂性。在今天，很多高度专业的公司和人员仍在使用大量资源而持续不断地为互联网开发新的硬件和软件、服务和应用。但对于数量有限的从事信息领域相关工作的侦查人员来说，要跟上这种发展非常困难。经法庭确立的数字踪迹保全和分析也带来了越来越大的挑战。②

---

① 参见上面第二部分第一大点的第 3 点。
② 参见下面第三部分第二大点的第 2 点。

第三部分

规范现状
国际框架和现行德国法

Straftaten
und **Strafverfolgung**
im Internet

在第二部分已经阐述了**实证**基础后，接下来将分析刑法改革的规范起点。这部分的阐述不仅包括当前国家层面的，而且还包括国际层面的规范框架。基于网络空间的全球化本质和其强大的技术基础，这些国际规范具有重要意义：部分国际性的法律规范可以直接适用（如欧盟条例），但也可以是包括有约束力的内容（如欧盟指令或者国际条约），或者相对弱效力的，但是同时具有现实性的批判压力［如同行评议程序（Peer-Review-Verfahren）］和内容上具有权威说服力的建议。同时，它们也显示出可能存在的共识，在许多领域，是这些共识确定了在网络空间实践中实际可执行的法律。对于刑事政策而言，这些国际规范也是作为众多专家"凝结的经验"和折中方案，是与那些——经常以其为基础的——个别国家规范之间的法律相比在内容上更为丰富宝贵的启示来源。

分析的对象是在引言中所定义的实体刑法（第一点）、刑事程序法（第二点）、危险防范法和预防法（第三点）以及国际合作法（第四点）。在这些法律领域的组成部分中，首先是阐述国际规定，然后是德国法律。在此基础之上，下面简短地厘清那些关键问题，以及德国法在多大程度上涵盖了相关罪名与国际规定和存在的有待改革的问题。在第四部分会提到可能的改革需要，这也是对于现行法律的进一步深化，因此对法律改革的思考具有意义。

一、实体刑法

1. 针对计算机系统和数据完整性的犯罪

(1) 国际规定

在下文,对计算机系统和数据的可靠性、完整性及可用性的攻击将以——因为已经得到了广泛的理解——对计算机系统完整性的攻击的概念来进行简称。在英语中也广泛使用 CIA 犯罪(即"Confidentiality, Integrity and Availability")的概念。这些——在第二章第一小点中已经陈述过——针对信息系统完整性的攻击自从 20 世纪 80 年代起就是各国际组织之间重点调整的对象。经合组织(OECD)、欧洲理事会(Europarat)和欧盟在过去 25 年间发展出来的对国家层面刑法的和谐化建议主要是,在——也包括其他组织的——早期概念的基础上,建立起后来的建议并且对其不断进行发展。

对计算机系统完整性的保护,重要的国际文件(通常还涉及其他法律问题)有:

——《1986 年经合组织对网络犯罪的建议》特别包含了对非法访问计算机系统和数据以及对计算机系统和数据的更改的刑法设置,也包括计算机操纵、伪造文书和著作权侵害;[1]

——非常全面和具体的《2001 年欧洲理事会网络犯罪公约》

---

[1] OECD, Computer-Related Criminality: Analysis of Legal Policy in the OECD-Area, Final Report DSTI/ICCP 84.22 vom 18.4.1986. Vgl. auch *OECD*, OECD Guidelines for the Security of Information Systems and Networks, online verfügbar unter: http://www.oecd.org/dataoecd/16/22/15582660.pdf.

(以下简称《网络犯罪公约》)不仅要求对非法访问计算机系统、非法截获数据、数据干扰和滥用软件的刑事可罚性,还要求针对计算机诈骗、伪造电子文书、儿童色情和著作权侵害的刑法规定;①

——《2005年欧盟关于对信息系统攻击的2005/222/JI号框架决议》(以下简称《欧盟框架决议》)② 与《网络犯罪公约》相比,仅规定了计算机犯罪的基本形式,也即非法访问信息系统以及对信息系统和数据的干扰;

——以及2010年欧盟理事会已经评议③并且在议会程序中提出的《关于针对信息系统攻击的欧盟指令》的提案(以下简称《指令提案》),主张替换2005年的《欧盟框架决议》,其中包括的犯罪在非法截获数据、针对特定攻击软件的交易的前阶段犯罪、对犯罪组织、对加重要件以及使用僵尸网络这几个问题上进行了扩展。④

2001年通过的欧洲理事会《网络犯罪公约》的主要内容包括针对计算机系统完整性的攻击,也包括其他许多改革问题。当前讨论的是,该公约在欧洲国家之外是否也起着基础性的作用,或者是会通过联合国的倡议而得到补充。⑤ 只要联合国的倡议没有

---

① 2001年11月23日的欧洲理事会《网络犯罪公约》(SEV Nr. 185)。
② ABl. L 69/67 vom 16.3.2005.
③ Rats-Dokument 11 566/11 vom 15.6.2011.
④ 《2010年9月30日欧盟理事会关于针对信息系统攻击和废除RB 2005/222/JI的指令的建议》,KOM(2010)517 endg.
⑤ 特别是在2010年4月联合国预防犯罪和刑事司法大会期间取得了相应的进展,参见联合国大会,A/CONF.213/9。

提出，欧洲理事会的《网络犯罪公约》就仍然——在新的欧盟《指令提案》生效之后也是——在计算机犯罪领域继续保持着其作为内容和地域上最全面、最重要的国际规定的地位。

(2) 德国法律

德国在1986年颁布的《第二次打击经济犯罪法案》奠定了对信息系统完整性的间接保护。① 德国的这一法律在国际上具有开拓性的作用，这意味着一些条款在欧洲的规定颁布后，必须通过2007年的《第41次刑法修正案》在个别方面进行修改。2008年联邦宪法法院在网络搜查案（die Online-Durchsuchung）的决定中，强调计算机系统完整性和可靠性领域中新法益的意义。该判决以正确的方式设定了信息技术系统的可靠性和公民捍卫完整性免受国家干预的防御性权利。②

《刑法》第202a条、第205条的"数据探知"罪，将"非法获取对数据的访问"的行为犯罪化；第202b条中规定了"数据截获"罪，保护从个人对数据内容权利中产生出来的形式处理权（die formelle Verfügungsbefugnis）。③ 因此，德国刑法偏离了《网络犯罪公约》、2005年的《欧盟框架决议》和2010年的《指令提案》中的规定，这些规定明确了非法**访问计算机系统**的相关法益

---

① 关于立法过程中的历史发展和早期对国际成果的转化，参见 *Sieber*, Informationstechnologie und Strafrechtsreform, 1985, S. 31ff.。

② BVerfGE 120, 274 = BVerfG, 1 BvR 370/07 vom 27.2.2008, Rn. 204.

③ Vgl. dazu mit unterschiedlichen Akzentuierungen *Fischer*, StGB, 59. Aufl. (2012), § 202a Rn. 3; *Lenckner/Eisele*, in: Schönke/Schröder, StGB, 28. Aufl. (2010), § 202a Rn. 1; *Kargl*, NK-StGB, 3.Aful.(2010), § 202b Rn. 3; *Hilgendorf*, JuS 1996, 511; krit. bezüglich der Richtlinienkonformität diese Schutzguts *Gercke/Brunst*, Praxishandbuch Internetstrafrecht, 2009, S. 66; *Vassilaki*, CR 2008, 131.

是数据处理系统的完整性。① 《刑法》第 202a 条也包括**通过突破安全防范才获取数据的行为人**。这一前提条件在 2010 年的《指令提案》第 3 条中并没有要求,在欧盟理事会的相关意见和《网络犯罪公约》第 2 条中都规定为是任择性的。德国刑法将外部行为人通过突破安全措施而侵入的行为规定为犯罪,但是没有将得到委托数据或授权访问的人滥用数据的行为规定为犯罪。德国的犯罪构成要件也没有加重情形,即在一些特别严重的犯罪情形中会导致刑罚幅度升格并且可以采取《刑事诉讼法》第 100a 条及以下条文所规定的刑事程序法措施。

根据主流观点,《刑法》第 303a 条、第 303c 条的"数据更改"的构成要件是特别地保护有处分权限者对数据进行完整使用的利益;② 而《刑法》第 303b 条、第 303c 条中计算机破坏的保护方向则涉及不同方面,并且规定得更重。③ 这两个构成要件涵盖了实践中所面临的情形,但是规定得复杂化、不体系化了,并且因为包括社会惯常行为(如对数据的更改)而有些过于宽泛,因此对违法行为的规范性判断就显得尤为重要。④ 文字字面没有要求"他人数据",但是主流观点认为应当对构成要件作这

---

① Dazu auch *Gröseling/Höfinger*, MMR 2007, 549ff.(551).
② Vgl. dazu *Fischer*, StGB, 59. Aufl. (2012), §303a Rn. 2; *Stree/Hecker*, in: Schönke/Schröder, StGB, 28. Aufl. (2010), §303a Rn. 1; *Zaczyk*, in: NK-StGB, 3. Aufl. (2010), §303a Rn. 2.
③ Vgl. dazu *Fischer*, StGB, 59. Aufl. (2012), §303b Rn. 2f; *Zaczyk*, , in: NK-StGB, 3.Aufl. (2010), §303b Rn. 1.
④ 参见下面第四部分第一大点第 1 点的第(3)小点及批评意见,参见 *Gröseling/Höfinger*, MMR 2007, 626ff.(628)。

方面的限制。①

作为"数据探知和数据截获的预备"的《刑法》第202c条针对的是上述第202a条、第202b条、第303a条和第303b条中的计算机犯罪的**前阶段保护**（Vorfeldschutz）。② 其立足点在于，"目的是实施这些犯罪的计算机软件"。《刑法》第202c条第1款第2项定义的滥用有害工具，经联邦宪法法院进行了极大限缩，法院基于合宪性解释认为，这仅包括那些程序，此类程序应当是根据其创建者或以后的编辑者的想法来进行编程或修改的，其设定就是为了实施《刑法》第202a条的犯罪，并且其目的也是在客观上就体现出来的。③ 但是，联邦宪法法院作出的这种解释，并没有提供对教义学上站得住脚的以及对双重用途问题来说合适的前阶段保护概念。此外，一方面对于《刑法》第202c条第1款第1项和第2项中黑客行为和计算机损毁犯罪的领域；另一方面对于《刑法》第263a条第3款中的计算机诈骗领域来说，对标准化恶意软件和安全密码的交易的前阶段可罚性，目前这种孤立的和不同的处理，导致整个体系缺乏严谨性。对用于实施（计算机）诈骗的安全密码的交易来说，存在保护漏洞。因为仅在《刑法》第202c条第1款第1项中涵盖了安全密码，但是在第263a条第3款中并没有包括。④

---

① Dazu und zu den sich daraus ergebenden Problem *Fischer*, StGB, 59. Aufl. (2012), § 303a Rn. 4ff.
② 参见《刑法》第303a条第3款、第303b条第5款中对《刑法》第202c条的引述。
③ BVerfGK 15, 491(504f.)=BVerfG, 2 BvR 2233/07, Beschluss vom 18.5.2009, Rn. 64f.
④ 此处的前置化可罚性只能这样来进行构造，即行为人利用安全密码也是在对《刑法》第202c条第1款第1项中的犯罪进行预备。

（3）中心问题

就当前的规则体系而言，可以总结如下：立法者为了保护计算机系统和数据而新设立的罪名，回应了现代信息社会对计算机系统安全的高度依赖。计算机方面的新法益所涉及的刑法保护需求，在经济合作与发展组织的指导框架中已经得到认可，并且经法律委员会的指导建议还在《第二次打击经济犯罪法案》中得到关注。① 在国际法和国内法层面都通过新的独立的规则保证了这种保护需求，这些规则已经脱离了对有体物的保护（Schutz körperlicher Gegenstände）。新法益的独立意义通过后续额外增加的刑法上前阶段保护构成要件得到了强化，并且通过联邦宪法法院所确立的对于信息技术系统的完整性这一新的基本权利而得到落实。

这种独立的特别着眼于信息的解决方案，在密切的国际合作中已得到证明：除内部人员未经授权获取数据和某些前置化可罚性以外，德国法律已经涵盖了第二部分所提到的主要犯罪领域。但是在欧洲法律以及规范中，构成要件的具体设置也显示出——特别是在形式和技术上——在系统性和清晰度相关之处的一些缺陷。② 可能的法律改革问题主要是保护托管数据完整性免予内部行为者的侵害、前阶段罪名在法教义学上的一致性、欠缺的加重构成要件，以及对犯罪构成要件的规制技术和限制。

---

① Zu den entsprechenden Vorschlägen von *Sieber* im Rechtsausschuss vgl. *ders.*, Informationstechnologie und Strafrechtsreform, 1985.

② 对此进一步分析见本书第四部分第一大点。

2. 数据保护犯罪

(1) 国际规定

德国数据保护法已经纳入联合国、经合组织、欧洲理事会和欧盟的国际和超国家的数据保护规范之中。① 这些规定形成了在有限的欧洲范围内的数据保护的和谐化。《欧洲人权公约》第 8 条第 1 款具有重要意义，这一条保证了公约层面的数据保护，② 同样重要的还有《欧盟基本权利宪章》第 8 条的数据保护权利③和《欧盟运行条约》第 16 条。在欧盟，和谐化的制裁方式可在第 95/46/EG 号指令第 24 条中找到。但是这仅确定了需要进行制裁却并没有确定应当如何制裁。

2012 年年初提出的新《通用数据保护条例》④ 草案目前仍在继续进行。⑤ 该草案第 78 条规定，成员国应当确定有效、合比例和有威慑力的制裁措施。该条例还要求，欧盟以外的特定公司应任命对数据处理进行答责的代表（第 25 条），并

---

① Zu den verschiedenen Instrumenten *Simitis,* in: Simitis-BDSG, 7.Aufl. (2011), Einl. Rn. 127ff.

② *EGMR,* Urt. vom 17.2.2011, Nr. 12 884/03, Z.74, *Wasmuth v. Deutschland; EGMR,* Urt. vom 4.5.2000 *Rotaru v. Rumänien,* Nr.28 341/95; *EGMR,* Urt. vom 16.2.2000, Nr. 27 798/95, *Amann v. Schweiz; EGMR,* Urt. vom 26.3.1987, *Leander v. SE,* Nr. 9248/81; *Siemen,* Datenschutz als europäisches Grundrecht, 2006, S. 129ff.

③ 2000 年 12 月 7 日《欧盟基本权利宪章》，ABl. C 303 vom 14.12.2007, S. 1（2009 年 12 月 1 日生效）；关于宪章更详细的参见 *Esser,* in: Sieber/Brüner/Satzger/v. Heintschel-Heinegg (Hg.), Europäisches Strafrecht, 2011, § 53, Rn. 6ff。

④ 该草案已于 2018 年 5 月 25 日通过，成为正式生效的。——译者注

⑤ 2012 年 1 月 25 日关于欧洲议会和欧盟理事会对于处理个人数据中的自然人保护和自由数据网络（数据保护通用规则，Datenschutz-Grundverordnung）的建议，KOM (2012)11(endg.)。

且规定了相应的违规处罚。如果已任命代表，也可对其因为违反条例的行为进行制裁（第78条第2项）。制裁的方式由成员国自行确定。

此外，草案第79条还规定了监管机构的职权，对特定的违规可以处最高25万欧元或者公司年营业额0.5%的罚金（第52页第a目至第g目）。第79条第6款对于一系列严重违规行为，将罚金数额上限提高到100万欧元或公司全球年营业额的2%。这些违规行为包括缺乏足够的法律基础而进行个人数据处理，以及没有注意到相关个人同意的前提条件。

（2）德国法律

德国在核心刑法中只有几个刑法条文是对人格权和数据的保护（比如《刑法》第202条、第203条、第206条）。与此相对，《联邦数据保护法》（BDSG）和各州的《数据保护法》中涵盖了全面的刑法和秩序违反法的构成要件。《联邦数据保护法》第43条第2款规定了一系列的违规行为，比如将无权限的对个人数据的获取和处理作为秩序违反，根据《联邦数据保护法》第44条等规定对牟利性交易行为处两年以下有期徒刑。此外，在特定领域的法规中还有不同方式的刑事犯罪和罚金罪。比如《电信法》（TKG）第149条第16项至第18项和《远程媒体法》（TMG）第16条中也有刑法处罚的规定。因此，从国际角度来看，德国法律可以说是广泛地涵盖了相关违法行为。①

---

① 2010年5月，欧盟研究"数据保护的新挑战"的国别报告，online abrufbar unter http://ec.europa.eu/justice/policies/privacy/docs/studies/new_privacy_challenges/final_report_en.pdf。

由此创设出来的犯罪构成要件与罚金构成要件仍然存在重大瑕疵：对民法和行政法规定的大量引用导致了一个复杂的规范体系，这个体系中包括多种附属性规定，不仅有作为行为对象的个人数据、行为构成，也有行为的违法性。大部分构成要件要素都不是通过一个简单的对单一规范的引用就能定义的，而是要通过一个进一步援引的多层级的体系。

这种刑法中的规范复杂性因为条款的不确定而导致了法律极大的不确定性，尤其是数据保护法在违法性定义上，就是以多种"有权限的"和"值得保护的"利益之间的权衡为特征的（例如，《联邦数据保护法》第28条及以下）。在《联邦数据保护法》之外的许多特定领域仅以很随意的方式作出规定，根本不包含或是仅包含行政违法的制裁措施，这进一步加剧了这种法律的不确定性。这些规定提出了一个有待解答的问题，即在这些特殊领域是否（也）能适用一般法律（特别是《联邦数据保护法》）中的刑事处罚规定，或者是否就只按照特殊领域的规定优先适用制裁法律。这一规范上的欠缺更是体现在本书第二部分中所提到的执行不足①问题上。

(3) 中心问题

自20世纪60年代以来，越来越多的对个人数据的收集、存储和联系导致信息社会中一个新的法律问题，这一问题在互联网的兴起以及互联网提供的社会性服务的背景下凸显。面对此种新挑战，法律通过国内法的各种有关信息的特别的规定进行

---

① 见第二部分第一点第3小点的第(2)小点。

回应，但是如今，在强大的私人行为者主导的全球网络中，这些法规似乎不再能够执行了。国家对于——在其他领域也很明显的——私人行动者的执行不足问题，在信息法的其他领域中体现得不像在这里这么明显。比如，德国负责有关事项的部长对于不遵守数据保护规定的只能徒劳地以关闭其 Facebook 账号来进行威慑。①

这一问题的原因主要在于不同的国内规范，以及作为这些规范背景的彼此各异的基本立场和经济利益。尽管在欧洲国家之间，民法和行政法上的数据保护法律规定的和谐化已经取得了一定程度的进展，但是并没有和美国的规定有什么和谐化进展，美国的规定鼓励各公司基于"数据挖掘"（data mining）的各种可能性而获得高达数十亿美元的广告收入。

在数据保护刑法中，直至今日，在欧洲也没有形成值得一提的规范统一化的倡议。但是正在筹备中的《通用数据保护条例》第 78 条、第 79 条的处罚规定，已经在欧盟中建立了首个路径，即使该条例草案第 79 条"仅仅"旨在规定对公司的行政制裁。德国的数据保护刑法进一步以信息特别的条款规定了相关的违规处罚。但是也存在严重缺陷，主要是由于高度的规范复杂性、对最后手段功能的关注欠缺、对刑法确定性基本原则的忽视以及显著的执行不足。从改革的角度来看，主要是有这样一个问题，即如何解决现在的数据保护刑法存在的执行不足问题，尤其是如何加强和更加重视确定数据保护刑法规范的效力要求。

---

① http://www.spiegel.de/politik/deutschland/0,1518,687 155,00.html.

3. 著作权犯罪

(1) 国际规定

全球范围内著作权保护都是通过民法来规定的,其国际的法律统一也有长期历史。① 近些年来,民法上的公约越来越多地被制裁规定与刑法规定补充。

推进著作权法律统一的决定性的国际行动者在现阶段主要是世界贸易组织(WTO),它制定了《与贸易有关的知识产权协定》(TRIPS-Abkommen),② 也是在这个法律框架下,首次要求对为了牟利而实施的著作权侵犯进行刑事处罚。同样重要的国际行动者还有世界知识产权组织(WIPO),它制定了《世界知识产权组织表演和录音制品条约》(Vertrag über Darbietungen und Tonträger)。③

欧洲理事会 2001 年在《网络犯罪公约》④ 成功实现了对著作权刑法和谐化的一致认同。公约中包括了一项义务,要求将通过计算机系统故意实施的、以牟利为目的的侵犯著作权和邻接权的行为规定为犯罪。

欧洲共同体(EG)和欧盟的相关倡议,最早自 20 世纪 90 年代起就包括了在开发计算机程序和数据库时对特定作品

---

① 参见 1886 年《伯尔尼公约》、1952 年《日内瓦世界著作权公约》和 1961 年《罗马公约》。
② 1994 年 4 月 15 日《与贸易有关的知识产权协定》,BGBl. 1994 II, S.1730ff.。
③ 1996 年 12 月 20 日《世界知识产权组织版权条约》和《世界知识产权组织表演和录音制品条约》,2000 年 4 月 11 日 ABl. L 89, S. 8ff. bzw. 15ff.。
④ 2011 年 11 月 23 日欧洲理事会《网络犯罪公约》(SEV Nr. 185)。

和服务的保护,以及有关版权保护范围的问题,随后也越来越多地包含了刑法方面的内容。

——关于保护访问控制的服务1998/84/EG号指令①,旨在防止非法访问受保护的服务,特别是非法访问相应的电视广播、无线电广播和信息社会的服务。指令还要求,对传播和持有"非法设备"规定制裁和法律救济,这些非法设备是为了能够未经服务提供商许可而以可理解的形式访问受保护服务。特别是包括用于解密付费电视节目的所谓智能卡(Smart-cards)。欧洲理事会关于基于或包含有条件获取服务的法律保护的公约②,扩展了这一欧盟指令的效力范围。

——关于信息社会著作权和邻接权特定方面的和谐化的2001/29/EG号指令,③根据网络中常见的盗版行为,定义了作者对数字产品的相关权利。其要求,对绕过有效技术措施以及对以特定形式传播此种设备的行为,规定"适当的制裁和法律救济"。进一步的与制裁有关的责任包括应当保护用于权利管理的信息,特别是对所包含的作品、对作者和使用方法以及表达此类信息的编号或代码。

——关于海关对盗版物品采取行动的第1383/2003号条例,④作为有直接效力的法律,确定了当物品有侵害知识产权之嫌时,海关采取行动的前提条件。海关当局有权在怀疑的情

---

① ABl. L 320 vom 28.11.1998, S. 54ff.
② SEV-Nr. 178 vom 24.1.2001.
③ ABl. L 167 vom 22.6.2001, S. 10ff.
④ ABl. L 196 vom 2.8.2003, S. 7ff.

况下扣留货物（第4条），并在明显违反法律的情况下销毁货物（第17条）。欧洲议会和欧盟理事会关于海关当局进行知识产权执法行为的条例的提案［KOM（2001）285］，规定了更广的适用范围并且要取代第1383/2003号条例。

——实施知识产权的第2004/48/EG号（执行）指令①，规定了执行知识产权的证据保全、告知权利、(保全) 措施、召回和销毁要求、损害赔偿以及法律费用和规范措施，这些措施必须是"公平和正当的""有效、合比例和有威慑力的"。

此外，自2008年起一些国家和欧盟以非公开的方式制定了一项打击盗版产品和市场的交易条约（ACTA）。② 这个条约会改善无形财产的民法执行，主要也是通过告知要求和保全证据的初步措施，如没收、抽样、海关和边境管控措施。在谈判过程中，人们总是担心，该协议将在接入服务提供商的责任方面远远超出先前的欧洲法律框架，例如，通过引入三振出局模式或其他阻断义务。③ ACTA条约的最后版本仅包括关于网络服务商和权利人之间合作的一般条款（第27条），但是没有包括超出现存服务商责任的规定。由于发生了一些重大的抗议，因此在2012年年初一些欧洲国家停止了对条约的批准。

---

① ABl. L 157 vom 30.4.2004, S. 45ff.
② ABl. C 147 vom 5.6.2010, S. 1ff.
③ 参见2010年9月联邦信息、电信和新媒体协会（BITKOM）IT行业协会意见, http://www.bitkom.org/files/documents/20100902_BITKOM_PositionPaper_ACTA%282%29.pdf。

（2）德国法律

不同于像意大利著作权刑法那样包括很多混乱的特别构成要件，德国法律仅在少量刑法条文中规定了对著作权产品和邻接权的保护：根据作为中心条款的《著作权法》（UrhG）第106条的规定，对在法律授权的情形外，未经权利人同意，复制、传播或公开作品或对作品进行改编或重新设计者，进行刑事处罚。第108条包含对邻接权保护的相应规定。第108a条规定，行为人为牟利而进行交易活动，处5年以下有期徒刑或罚金。[①] 此外第108b条规定，对《著作权法》第95条及以下的对象，即通过技术保护措施或通过信息进行数字权利管理（特别是水印）而保护的对象，进行了侧面补充的刑法前阶段保护。[②]

《著作权法》第106条是一个空白刑事规范（Blankettstrafnorm），行为对象、行为和法律限制主要是通过民法的著作权规范——以及通过前面提到的欧盟指令——而确定的。构成要件涵盖广泛，包括了几乎民法中定义的著作权法保护的全部范围。（非有形物的）公开传输权［Recht der (unkörperlichen) öffentlichen Wiedergabe，《著作权法》第15条第2款］还包括特殊针对互联网而言的网络公开传播权（Recht der öffentlichen Zugänglichmachung，《著作权法》第19a条）。尤其是将受著作权法保护的内容放在网络上

---

① 此外著作人身权在非常有限的范围内可以通过《著作权法》第107条（未经授权使用著作权名称）得到刑事保护。
② 类似的前置化构成要件包括2002年3月19日《受访问控制的服务商和访问控制服务商保护法》（ZKDSG），转化了上述第1998/84/EG号指令。

可以进行访问或进行传输,① 比如,放在文件共享网络,或者在网盘和流媒体服务器的存储系统上,会侵害此项权利。犯罪行为由《著作权法》第 44a 条至第 63a 条的限制规定(Schrankenregelungen)而加以限缩。《著作权法》第 53 条允许为了个人使用而进行复制,如果不是为了营利目的,并且——根据 2003 年增加的限制——不是使用受复制保护的模板,或复制明显是非法制作的或提供公开访问的模板。

著作权是示例性的展示,法益不仅是通过特定法律领域的法规来保护的,而且还可以通过民法、刑法和行政法的不同保护机制来进行保护。民法规范不仅包括停止侵害和消除损害请求权、损害赔偿请求权、销毁、召回和移交的请求权以及事先的警告程序,还包括——第 2004/48/EG 号执行指令规定的——告知、提供和检查的请求权(《著作权法》第 101 条及以下),这些规定形成了一个与刑法功能类似的执行和制裁体系。②

在刑事追诉当局充斥着大量计算机产生的著作权犯罪的情况下,③ 总检察长在严重性门槛的基础上以立案豁免的方式作出了

---

① Vgl. Dreiter, in: Dreier/Schulze, 3. Aufl. (2008), § 19a, Rn. 6; Poll, GURU 2007, 476, 487f.; a. A. v. Ungern-Sternberg, in: Schricker/Loewenheim, Urheberrecht, 4. Aufl. (2010), § 19a, Rn. 33, der nur das Bereithalten zum Abruf als Fall des § 19a UrhG sieht, das Abrufübertragungsrecht in richtlinienkonformer Auslegung hingegen als unbenannten Fall des § 15 Abs. 2 UrhG.

② 关于对执行指令进行转化见 Wimmers, in: Schricker/Loewenheim, Urheberrecht, 4. Aufl. (2010), § 101, Rn. 7f.。

③ 关于为了获得民事相关的信息告知而进行的刑事自诉见 Hoeren, NJW 2008, 3099(3100); Kondziela, MMR 2009, 295; Sieber, Spendel-FS, 1992, S.757ff.; Schäfer, Die Bedeutung des Urheberstrafverfahrensrechts bei der Bekämpfung der Internetpiraterie, 2010。

回应,立法机关则是利用——国际上规定的——针对第三方的知情权,即针对提供了著作权侵权行为所使用服务的第三方(特别是网络访问服务提供者,Access-Provider),推动受损害者在民法上的法律执行。① 主要是在《著作权法》第 101 条中规定了民事措施,尽管这确实带来了大量的警告(Abmahnungen),② 但是在实践中,《著作权法》第 101 条的知情权却根本无法阻挡网络中出现的大规模著作权侵权现象。

(3) 中心问题

长期以来,学界都认为著作权的法律领域具有特殊性,是保护无形财产的。此外国际措施和德国法律建立在——也是宪法所保障的——对知识产权的保护上。信息领域的规定持续根据技术的变化而作出调整。德国刑法以扩张的方式与这些条款相关联,特别是利用一种附属于民法的入罪化,几乎将所有的著作权侵权,以及——国际规定的——针对技术安全措施规避的广泛的前阶段构成要件纳入处罚范围。但是,在刑法和民法方面,执法都存在很大缺陷。在法律改革视角下的问题涉及的是执行不足以及克服的可能性。

4. 非法内容(以儿童色情为例)

(1) 研究对象的局限性和典型性

如前面第二部分第五点所述,在非法内容领域以(特别是儿

---

① 《著作权法》第 101a 条以前就已经存在一般性的告知请求权,但是将其适用于互联网提供商则引发了巨大争议。对此参见 Sieber/Höfinger, MMR 2004, 575ff.。

② Dazu Nümann/Mayer, ZUM 2010, 321.

53 童和青少年）色情制品为例，可以进行示例性的说明。挑选这类犯罪不仅是考虑预防和起诉儿童色情制品已经在很大程度上决定了互联网犯罪领域的刑事政策议程，并且还导致国际上广泛的法律和谐化。此外还考虑到，互联网上内容犯罪的改革需求主要针对淫秽物品刑法。下面在德国法律部分会介绍：①德国关于儿童色情制品的规定；②青少年色情制品；③一般色情制品。这些规定也存在网络刑法的一般规制问题：①对于所有内容犯罪适用但对非物质的犯罪对象来说并不恰当的文书概念（Schriftenbegriff）；②延伸广泛的前阶段保护；③刑法规范的复杂性，因为刑法规范在德国数十年来一直进行补充，但是没有在对基础结构性问题的分析之上进行根本的改革。

（2）国际规定

在网络公开传播的儿童和青少年色情制品领域，国际机构开展的行动主要是针对传播和持有相关物品的刑事处罚。主要的行动者是联合国、欧洲理事会和——实行极为保守的刑事政策的——欧盟。

> 重要的国际法律规定：
> ——1959年联合国大会通过的《儿童权利宣言》和1989年的《儿童权利公约》及其两份任择议定书，其中一份是针对制作、传播和持有儿童色情制品的；①

---

① *UN General Assembly*, Resolution 1386(XIV) vom 10.12.1959; *dies.*, Treaty Series, vol. 1577, S. 3; *dies.*; A/RES/54/263.

——前述 2001 年欧洲理事会的《网络犯罪公约》,① 也要求针对"持有处于计算机系统或在计算机数据载体上的儿童色情制品"的刑法规定（第 9 条）；

——2007 年欧洲理事会《关于保护儿童免于性剥削和性滥用的公约》（Lanzarote-Konvention）,② 它涉及对儿童性剥削的全方位的危险预防、危害防范和刑法保护，尤其是要求将对儿童色情制品的传播、制作和持有等，以及与儿童进行的以实施性行为为目的的接触（Grooming），规定为刑事犯罪；

——2011 年 12 月 13 日欧洲议会和欧盟理事会关于打击对儿童的性滥用与性剥削和打击儿童色情暨替换 2004/68/JI 号框架决议的 2011/92/EU 号指令,③ 根据指令第 5 条第 3 款的规定，应当将通过信息和通信技术而有意识访问儿童色情的行为规定为犯罪。

关于儿童色情,《网络犯罪公约》将保护年龄规定为原则上保护 18 周岁以下之人，但是也允许将年龄界限改为 16 周岁（第 9 条），现在 2011 年 12 月 13 日的欧盟指令要求无例外地对 18 周岁以下对青年加以保护（第 2 条），在指令中将其都规定为"儿童"。

(3) 德国法律

① 儿童色情制品：数据载体或数据作为内容犯罪的行为

---

① 参见 2011 年 11 月 23 日欧洲理事会《网络犯罪公约》(SEV Nr. 185)。
② SEV Nr.201 vom 25.10.2007.
③ AB1. L 335/1 vom 13.12.2011.

对象。

德国法律传统上在《刑法》第 184b 条关于"传播、购买和持有儿童色情文书"的刑法构成要件中，考虑到针对儿童色情载体的国际规定。① 构成要件的第 4 款也规定了，"为自己而持有儿童色情文书的，如果此文书反映事实或接近真实发生"的行为。在对持有可罚性的刑事政策正当化争论平息下来后，当前对条文的讨论主要是，构成要件是否也涵括了对色情图片的暂时访问。

由此引发的争论是关于图片显示数据是暂时访问以及因此导致的暂时数据存储的可罚性，引发争论的原因有很多，而这些原因对改革问题具有重要意义：在 1997 年《信息和通信服务法》(IuKDG)② 中，立法者在《刑法》第 11 条第 3 款中，将"音频和视频、数据载体、图片和其他表达"等同于"文书"(Schriften)。立法者意在将所有形式的数据存储都包括在内，并且在立法理由中还在磁盘、DVD 和 USB 存储条之外列举了仅暂时性保存内容的电子内存（elektronische Arbeitsspeicher），但是排除了缓存（Zwischenspeicher）和即时传输（Echtzeitübertragungen）。因此，在内存上形成的屏幕显示等同于有体物。③ 后来新的司法判例认定，对儿童色情数据的访问（Abruf），因为数据访问时在内存中固定下来的数据（最晚在关机时才会丢失）具有相关的可用可能性

---

① Zusammenfassend *Palm,* Kinder- und Jugendpornographie im Internet, 2012.
② BGBl. 1997 I, S. 1870ff.
③ Vgl. BT-Drs. 13/7385, S. 36; *Eser/Hecker,* in: Schönke/Schröder, StGB, 28. Aufl. (2010), § 11 Rn. 67. *Fischer,* StGB, 59. Aufl. (2012), § 11 Rn. 36a.

(Verfügungsmöglichkeit)，所以被视为《刑法》第184b条第4款中可刑罚的持有行为。① 文献中的相反观点则认为，"持有"要求——在暂时的内存中缺乏——数据长期的固定有体化，因此对所访问数据的持有可罚性取决于，用户是否明知在其计算机上执行的浏览器缓存（Browser-Cache）中的永久数据存储，或者是否明知且特意将数据分别存储起来。②

构成要件因为文书概念要求是**有体化数据**的这一限制，在其他地方也存在解释问题。在传播儿童色情内容的情形中，联邦最高法院（BGH）认定行为对象是指有体的数据载体，但问题是，传播的不是数据载体，而仅仅是数据。最后在行为上仍然还是基于——与法律文本相反——**数据**的传播。③ 这种解决思路将数据载体与数据等同视之，最后也还是因为"文书"的有体化要求而存在着问题。④

这两个问题领域都是由于立法者在 1997 年声明，对于《刑法》第 11 条第 3 款的文书概念来说，具有决定性的是有体化的数据载体而不是上面的数据，而对持有可罚性来说使用了从有体物世界而产生出来的**事实上之管领力**（**Sach**herrschaft）的概念。这

---

① *OLG Hamburg,* NJW 2010, 1893 (1895); *OLG Schleswig,* NStZ-RR 2007, 41; ähnlich Hilgendorf, in: LK-StGB, 12.Aufl. (2006), § 11 Rn. 121.

② *Hörnle,* NStZ 2010, 704ff.; *Wolters,* in: SK-StGB, 116. Lfg. 2008, § 184b Rn. 13; *Eser/Hecker,* in: Schönke/Schröder, StGB, 28. Aufl. (2010), § 184b StGB Rn. 15a; *Harms,* NStZ 2003, 646(649).

③ *BGH,* NJW 2001, 3558 (3559) („ […] zum Gegenstand eines Datenspeichers (genauer: zum Gegenstand von gespeicherten Daten)[…])." Zur kritik *Rudolph/Stein,* in: SK-StGB, 40. Lfg(2005), § 11 Rn. 62.

④ *Kudlich,* JZ 2002, 310(311); *Fischer,* StGB, 59. Aufl. (2012), § 11 Rn. 36a.

一概念是对有体物而言的，但不适用于在新媒体语境下的数据访问。联邦最高法院通过在新的司法裁判中对"数据"的重提和对持有概念按照"数据控制权"的断然独立的解释①表明，基于有体物对象的文书概念已不适合数字化的世界。因此立法者也必须将《刑法》第 11 条第 3 款等法条中的文书概念——在刑法分则中——通过《刑法》第 184d 条，将《刑法》第 184 条至第 184c 条进一步扩展为"通过广播、媒体和远程服务的表达"②。在刑法典的各个地方需要对行为对象进行多重延伸，明显体现了网络内容犯罪规范在使用传统数据载体概念时所存在的系统性缺陷。

② 青少年色情制品：网络内容犯罪的前阶段保护边界。

2008 年通过对前述《欧盟框架决议》的转化法案③制定了打击青少年色情的补充性刑法规定（第 184c 条）。与《刑法》第 184b 条儿童色情制品的构成要件进行区分的理由在于保持平衡，因为传播、购买和持有青少年色情内容制品所体现的不法内涵要小于传播、购买和持有儿童色情制品。④ 但《刑法》第 184c 条规定的行为对象和行为，本质上与《刑法》第 184b 条构成要件的行为对象和行为是一致的。尤其对持有的刑事可罚性也是一样的，但是儿童色情情形下的刑法保护已经被大大扩展了，而这对于青少年色情情形来说就特别成问题了。

儿童色情（犯罪）的保护年龄，比如，在德国是 14 周岁，在

---

① 参见本书第 69 页脚注①。
② BGBl. 2003. I, S. 3007.
③ BGBl. 2008. I, S. 2149.
④ BT-Drs. 16/9646, S. 34f., 38f.

英国是 16 周岁，而在法国则是 18 周岁，① 对此在欧盟层面统一规定为 18 周岁，不仅表明了**法律移植**（legal transplant）的可接受边界，也表明了此前因欧盟理事会行政代表欠缺民主正当性而产生的法律统一（Rechtsvereinheitlichung）的问题。

③ 一般色情制品：限制规则复杂性。

《刑法》第 184 条规定的对一般色情制品的禁止要件区别于儿童和青少年色情的构成要件，其规定的不是绝对的，而是相对的，是对传播一般色情制品的禁止命令。允许成年人访问一般色情内容，但是不允许向 18 周岁以下者提供。仅对《刑法》第 184 条的文本做粗浅审视，就能看到数个以十小点为单位进行列举的，但是却是重复表述且就所涉法益和对其危险犯罪而言并不成体系的犯罪行为。这些构成要件也同刑法分则中的其他内容犯罪一样，与文书概念挂钩，尽管先是扩张了《刑法》总则第 11 条第 3 款，后来又通过《刑法》分则第 184d 条再次进行扩张，但是这些构成要件仍然是不令人满意的。

德国色情刑法由于因联邦制制度而产生的在联邦和各州层面的**差异**和**媒体法的附属刑法条款中**不同内容的规定，而变得更加复杂。青少年保护法在媒体领域被两分为，通过对有体的媒体载体（如 DVD、印刷品）进行规定的《联邦青少年保护法》（JuSchG），以及对非有体的"广播和远程媒体"进行规定的《青少年媒体保护国家合同》（JMStV）中的各州协定（Ländervereinbarung）。在媒介融合

---

① 儿童色情的法律比较，见 *Sieber*, Kinderpornographie, Jugendschutz und Providerverantwortlichkeit im Internet - Eine strafrechtsvergleichende Untersuchung, 1999, S. 9ff. (17); 关于《里斯本条约》前后欧洲刑法的民主合法性，参见 ZStW 121 (2009), 1(50ff.).

(Medienkonvergenz）的基础上，这样的区分不仅是过度的，而且还导致了以下法律后果，即同一种媒体形式下同样的行为方式和内容，既可以被作为刑事犯罪，又可以在别处被规定为秩序违反。①

这表明，互联网和信息社会在一定程度上加大了现行法律中已存在的缺陷，应当进行必要的改革。

(4) 中心问题

德国色情制品的犯罪构成要件——也如同其他内容犯罪一样——根据《刑法》第 11 条第 3 款的规定，主要是针对有体的数据载体的禁令。尽管存在许多改革的尝试，但是相关刑法条文仍然引发了刑法总则与分则的难题，主要是与那些基本上被定义为"文书"的行为对象有关，但也还涉及那些针对有体的对象而言的"持有"行为。首先在最新的青少年色情的犯罪构成要件中，表明德国已经谨慎地向一个现代的媒体概念（Medienbegriff）转向。

德国立法者通过《刑法》第 11 条第 3 款中的传统概念，针对儿童色情制品的国际规定进行了转化，并且将构成要件——也像在信息刑法的其他领域那样——大幅度向前阶段进行了扩展。但是，这些尚要回溯至前一个世纪的刑法条文，不仅从新媒体的视角，而且从一般性角度来看也是非常复杂的。因此，对此处列举的关于色情制品的犯罪构成要件，建议考虑非物质的犯罪对象的特殊

---

① 以第 14 次《广播国家合同修正》（RfÄndStV）为方式的改革方案，在 2010 年由于北莱茵—威斯特法伦州议会的拒绝而失败了。对此见 Bayer. LT-Drs. 16/5283, S. 7。对未通过的《青少年媒体保护国家合同》修正中的规定：Altenhain, BPjM-aktuell, 4/2010, 5ff.; Bram/Hopf, ZUM 2010, 645ff.; Weigand, JMS-Report 4/2010, 2ff.。

性而进行全面改革。

5. 对财产和法律交往安全的攻击

（1）国际规定

在各种法律体系中，就算为了保护传统法益，也有必要规定计算机犯罪的新的犯罪构成要件，以便能涵盖通过计算机实施的特殊犯罪。问题在于，法律体系中的诈骗罪构成要件要求欺骗以及引起他人的错误认识，但是操纵计算机的行为不能满足这一构成要件的要求。类似的调整需要也存在于法律体系中的伪造文书罪，传统的文书概念限制为有体的且视觉可见的声明，不包括电子存储的数据。[1] 上面所提到的国际规定则充分考虑了这些保护漏洞：

——OECD 和欧洲理事会在 1986 年和 1989 年的相关建议，以及——以细致的形式——在 2001 年欧洲理事会的《网络犯罪公约》中，已经存在为了弥补诈骗和文书犯罪领域刑法空白的最早的一般性建议。[2]

——此外，2007 年联合国经济和社会事务部关于更新刑法的一项建议，要求刑法规定中包括非法获取、复制和制作以及滥用身份文件和信息的行为。[3]

——相反的，在已经提到过的 2005 年欧盟关于对信息系统

---

[1] Dazu *Gercke/Brunst*, Praxishandbuch Internetstrafrecht, 2009, S. 92ff.; *Sieber*, Computerkriminalität und Strafrecht, S. 1/256ff., 2/20ff.

[2] 参见 2011 年 11 月 23 日欧洲理事会《网络犯罪公约》（SEV Nr. 185）。

[3] United Nations Economic and Social Council-Commission on Crime Prevention and Criminal Justice, Resolution of the Economic and Social Council of the United Nations on international cooperation in the prevention, investigation, prosecution and punishment of econimic fraud and identity-related crime, Doc. E/2007/30 - E/CN.15/2007/17, S. 18-21。

攻击的第 2001/413/JI 号框架协议——以及 2010 年的《指令提案》——中并没有包括对诈骗和文书犯罪的一般规定。但是欧盟法在 2001 年关于打击利用非现金支付工具的诈骗和伪造的框架决议中包含一些在这一领域的内容。①

——2001 年关于非现金支付流程的框架决议主要是在前阶段保护的问题上值得关注,规定应当阻止通过滥用非现金支付流程造成的跨国交易损失。该框架决议第 2 条是规定了"基于支付工具的犯罪",第 3 条特别规定了"计算机犯罪",以及第 4 条规定了"利用特殊犯罪工具的犯罪"。第 3 条着眼于以不当得利为目的,在金钱或金融价值转账中对计算机系统和数据进行非法操纵。第 4 条要求——没有明确规定主观构成要件——处罚以实施第 3 条规定的计算机犯罪为目的,而"欺诈性地"利用计算机程序。

(2) 德国法律

早在 1986 年的《第二次经济刑法改革法案》中德国就已经通过关于计算机诈骗(《刑法》第 263a 条)和伪造有证明效力的数据(《刑法》第 269 条、第 270 条和第 274 条)的刑法条文,完成了大部分计算机相关规定的转化。为了转化 2001 年关于非现金支付流程的框架决议第 3 条所要求的前阶段刑事可罚性,通过的 2003 年第 35 次刑法修正案在《刑法》第 263a 条增加了第 4 款。② 打击借助计算机伪造非现金支付的前阶段保护,则是通过

---

① ABl. L 149 vom 2.6.2001.
② BGBl. I 2003, S. 2838.

在《刑法》第 149 条第 1 款第 1 项中补充"计算机程序"作为犯罪工具而实现的。①

新增加的《刑法》第 263a 条和第 269 条规定导致一些解释困难。在《刑法》第 263a 条中,特别是数据输入的"无权限"和对流程的影响②以及《刑法》第 263 条和第 263a 条的关系。③ 在《刑法》第 269 条中,尽管电子邮件和网站因为其极少的证明价值在是否具备文书性的问题上存在争议,但最终其文书性还是得到了确认。④《刑法》第 264 条第 4 款的前阶段构成要件则与前面分析过的《刑法》第 202c 条存在类似的问题。

(3)中心问题

在财产和文书刑法领域,并不存在新的法益,而是新的技术形式的攻击问题。德国立法者早在 1986 年就已经填补了诈骗构成要件和伪造文书中所存在的刑法处罚漏洞。但新增的《刑法》第 263a 条和第 269 条导致了解释问题。然而,这个问题通过司法判例就能够澄清,不需要立法改革。这一领域仅对 2003 年补充的《刑法》第 263a 条第 4 款的前阶段犯罪存在些许不同。这里的双重用途问题与《刑法》第 202c 条第 1 款第 2 项是类似的形式。因为这些规定之间紧密的事实关联,对《刑法》第 263a 条第 4 款的改革,必须与对计算机系统完整性保护的前阶段犯罪的改革一起

---

① BGBl. I 2002, S. 3387;《刑法》第 149 条还为伪造无担保功能的支付卡、支票、汇票(《刑法》第 152a 条)和具有担保功能的支付卡(《刑法》第 152b 条)提供了适当的参考。

② Gercke/Brunst, Praxishandbuch Internetstrafrecht, 2009, S. 97ff.

③ Cramer-Perron, in: Schönke-Schröder, StGB, 28. Aufl. (2010), § 263a Rn. 1f.

④ Stuckenberg, ZStW 118 (2006), 878(886ff.); a.A. Graf, NStZ 2007, 129 (131f.).

进行。①

6. 刑法的一般问题：特殊的服务商责任

由于无法起诉在国外非法提供受著作权保护的作品和可刑罚的内容的行为人，因此在国内和国际层面很快出现了一个问题，即负责向国内进行数据传输和数据存储的互联网提供者，是否能够因其支持行为而受到起诉。这需要通过刑法总则中的作为与不作为的区分、保证人义务、社会相当性或者职业行为以及帮助犯来确定。这里出现的互联网特殊领域中的问题，导致了早期的"服务提供者责任"的法律规定。这些规范主要是为了防止过度监管对数据的自由交换和信息自由所造成的损害。比如，运营搜索引擎或新闻组服务时，可能会出现类似的问题。

（1）国际规定

欧盟领衔统一了由第三人滥用其技术设施的网络服务提供者的答责性。2000年关于电子商务的第2000/31/EG号指令（"e-commerce-Richtlinie"）②建立了——借鉴个别国家国内法的规定——决定性的且有区分的答责性规定。该规定所规范的网络服务提供者的答责性，是作为对民法、公法和刑法一体适用的横贯性事项。

针对仅提供访问者［所谓网络访问通路提供者（Access-Provider）］，大体上排除了仅进行数据传输的刑事责任；对存储空间提供者［所谓对主机服务者（Host-Provider）］，排除了检查义

---

① 对此参见本书第三部分第一大点第1点的第(2)小点和下面第四部分第一大点第1点的第(4)小点。
② ABl. L 178 vom 17.7.2000.

第三部分 规范现状：国际框架和现行德国法

务，将刑事处罚仅限制在实际知晓的情形上（第 14 条）。对代理缓存系统的运营商（Betreiber von Proxy-Cache-Systemen）则在主机提供者规则之上，存在独立的限制（第 13 条）。

(2) 德国法律

上述欧盟规定的内容很大程度上可以追溯到 1997 年德国的相关规定。这些规定大体上更简略些，并且必须在电子商务指令颁布后进行调整。① 在《远程媒体法》(TMG) 第 7 条及以下新增的德国规定，仅部分符合指令，因为区分"自己"和"他人"数据的价值判断的概念在——更加强调且取决于技术性功能的——指令中并没有任何依据。有关详细信息，请参考现有的文献。②

德国法律并不包括关于搜索引擎（Suchmaschinen）和超链接（Hyperlink）的特殊内容。迄今为止，相关问题由司法判例和理论借助《远程媒体法》的一般原则或类推适用而解决，但是没有得到认可的清晰规定或有说服力的一般性解决方案。③

(3) 中心问题

网络提供者对其用户的答责性涉及网络"看门者"的基础性问题，这一问题对网络上的思想和信息自由至关重要。毫无疑问，相应的答责性属于传统的（媒体）领域，比如，由报纸出版商负责其编辑的报道。但是，由此而发展起来的传统规则，因为

---

① *Sieber*, Verantwortlichkeit im Internet, 1999, S. 105ff.
② Ausf. *Sieber/Höfinger*, in: Hoeren/Sieber (Hg.), Handbuch Multimediarecht, 29. Ergänzungslieferung 2011, Teil 18.1, Rn. 39ff.
③ *Sieber/Höfinger*, in: Hoeren/Sieber (Hg.), Handbuch Multimediarecht, 29. Ergänzungslieferung 2011, Teil 18.1, Rn. 95ff.

巨大的数据量和网络的其他特殊性，而不能直接移植到网络提供者或网络论坛的运营者上。德国立法者很早就意识到新媒体的这种特殊性，并早于1997年在《远程媒体法》中增加一条特别规范，充分考虑了信息自由，也被证明是成功的国际典范。①

根据欧盟规定而进行调整的条文如今也仍然妥当。将来当然也会出现这一问题，即对访问路径提供者所作规定的技术前提，考虑到新的深度包检测（Deep-Packet-Inspection）的可能性②，是否仍然与以前一样而继续适用。对德国法的批评在于，国内的立法者对一些欧洲规定在技术上没有清晰地进行转化。③

相反，对搜索引擎和建立超链接活动的答责性没有特别规定，目前由司法判例来定义。因此，也可以考虑以下的发展情况，即搜索引擎直接相关领域所提供的功能——如广告平台、电子邮件服务、社交网络——现在是多样并且快速变化的，因此在这里既不可能也不希望进行明确的技术分类。搜索引擎的重要功能可以毫无问题地归类为访问中继和存储空间提供者的常见类别。④ 因此，如果欧盟并没有对德国相关指令的转化表示不满，那么相关责任规定的变更并不紧急。

---

① Vgl. *Sieber*, Verantwortlichkeit im Internet, 1999, S. 105ff.
② 参见下面第四部分第三大点第 2 点的第（1）小点，以及 *Mochalski/Schulze*, abrufbar unter http://www.ipoque.com/sites/default/files/mediafiles/documents/white-paper-deep-packet-inspection.pdf。
③ *Sieber/Höfinger*, in: *Hoeren/Sieber* (Hg.), Handbuch Multimediarecht, 29. Ergänzungslieferung 2011, Teil 18.1, Rn. 39ff.
④ 详见 *Sieber/Liesching*, Beilage zu MMR 8/2007, 1ff.。欧盟法院将谷歌提供的广告栏服务"Adwords"视为主机服务，参见相关的 Rs C-236/08 至 C-238/08。

二、刑事程序法

网络犯罪不仅提出了实体刑法的诸多问题,还导致许多刑事程序法问题。① 对这些问题的讨论起初——在国际和国内的层面——远远晚于对实体刑法的讨论。但是,基于一些重要的宪法决定,刑事程序法现在仍然集中关注法政策,也就是着眼于获取计算机数据的干预授权(第 1 点)。此外还有证据法(第 2 点)和司法机关的组织完善(第 3 点)的问题。

1. 干预授权

(1) 国际规定

刑事程序法的重要国际动议是 2001 年欧洲理事会的《网络犯罪公约》。② 该公约除实体刑法的调整外,还包括了对刑事程序法的清晰规定。公约中计算机特殊的干预授权包括即时保全以及转交所存储的计算机数据(第 16 条)和往来数据(第 17 条)、提交(基本)数据(第 18 条)、搜查和扣押所存储的计算机数据(第 19 条)以及收集实时的往来数据(第 20 条)和内容数据(第 21 条)。这些规定不仅与该公约所列举的犯罪以及使用计算机系统实施的其他犯罪有关,而且还适用于任何以电子方式存在的刑事证据收集(第 14 条)。其内容来自《网络犯罪公约》的文本

---

① Zusammenfassend *Gercke/Brunst*, Praxishandbuch Internetstrafrecht, 2009, S. 262ff.; *Bär*, Handbuch EDV-Beweissicherung, 2007; *Liesching*, in: Paschke/Berlit/Meyer, Hamburger Kommentar - Gesamtes Medienrecht, 2008, 92.Abschnitt.

② 参见 2011 年 11 月 23 日欧洲理事会《网络犯罪公约》(SEV Nr. 185)。

和相关的备忘录（解释性报告①）。因为这些规定对德国刑事诉讼法的改革至关重要，其内容将在第四部分第二大点中就各个改革问题的上下文进行详细介绍。

（2）德国法律

① 信息技术领域新的法律规定。

德国早在 1992 年就在**人格权保护**领域，通过《刑事诉讼法》（StPO）第 98 条（进行数据比较以调查刑事犯罪）和第 98a 条（机器比较和个人数据传输）的所谓电脑搜寻（sog. Rasterfahndung）条文，按照信息技术的特征对《刑事程序法》进行了调整。② 其他的变更则主要是按照**电信**的特征确定的：就电信的**内容**而言，立法者在 1997 年借助《电信法》的配套法在《刑事诉讼法》第 100a 条中扩张了监控规定，并将"通话网络"称谓修正为"电信"。在 2002 年则进一步出现了《刑事诉讼法》第 100i 条关于"对移动终端设备的措施"的规定。这些措施允许使用国际移动用户识别码捕捉器（ISMI-Catchern）③，可以为后续的通信监控实施针对移动终端的**识别数据**和**位置数据**的技术侦查。

但是在 2007 年根据《网络犯罪公约》对《刑事诉讼法》进行修改之际，从立法理由中可见，立法者误解了变更需求的范围，并没有在改革中走得很远④：立法者主要专注于《刑事诉讼

---

① 《网络犯罪公约》德国条约文本的访问地址为 http://conventions.coe.int/treaty/ger/treaties/html/185.htm。解释性报告（英文）的访问地址为 http://conventions.coe.int/treaty/en/reports/html/185.htm。目前没有官方的德文翻译。
② BGBl. 1992 I, S. 1302.
③ BGBl. 2002 I, S. 3018.
④ Siehe BT-Drs. 16/5846, S. 3, 27f. und 50ff.

法》第100a条中的电信监控，以及对一些刑事犯罪和人格权保护而采取的其他秘密侦查措施的规定。

考虑到电信背景，《刑事诉讼法》第100g条中关于**收集往来数据**（Erhebung von Verkehrsdaten）的规定，根据欧盟关于留存数据存储（Vorratsdatenspeicherung）的欧盟指令①的要求，进行了调整。按照这部法律中的文字表述，允许收集往来数据，这些往来数据必须是由电信服务提供者以《刑事诉讼法》第100a条中对内容数据监控的同样方式而提供的。往来数据，是指根据《电信法》（TKG）第96条第1款尤其是所涉及的连接或终端设备的号码或识别码、个人授权识别号、使用客户卡情形下的卡号和移动连接的位置数据。《刑事诉讼法》第100g条最初不仅包括根据《电信法》第96条第1款为自己利益（比如，为了排除故障）而存储的往来数据，也包括根据《电信法》第113a条出于国家留存（数据）存储义务的原因而收集的往来数据。② 然而联邦宪法法院2010年3月2日的判决明确认定，《刑事诉讼法》第113a条中关于留存数据存储的规定，以及对于《刑事诉讼法》第100g条第1款第1句中强制存储的数据的相关提供权限，是违宪的。③ 关于收集基本数据以及一些"扩展的基础数据"（根据《电信法》第95条和第111条规定），立法者早于2004年在《电信监控新规法案》的法律框架下颁布了特殊规定，即位于《刑事诉讼法》之外的

---

① 对此见本书第三部分第三大点的第1点。
② 对此参见 Gercke/Brunst, Praxishandbuch Internetstrafrecht, 2009, S.771ff.; 对此见本书第四部分第三大点第1点的第（1）小点。
③ BVerfGE 125, 260 = BVerfG, 1 BvR 256/08 vom 2.3.2010.

《电信法》第112条和第113条。但是在2012年联邦宪法法院认定，这些特殊规定仅是授权性规范，而不是干预规范。①

至于**搜查和扣押**，作为2007年《电信监控新规法案》中一般规定的补充，立法者为了进一步转化《网络犯罪公约》而颁布了《刑事诉讼法》第100条第3款。因此也可以——依据公约第19条第2款——将针对被搜查人的电子存储媒介的检查扩展到"单独的存储媒介"，"只要能够从电子存储媒介对其进行访问"。② 对于公约第16条（即时保全和**快速冻结程序**）以及第17条（即时保全和部分转交往来数据）没有明确的转化，其他规定的各方面（特别是提交义务和实施扣押）也没有进行转化。③

②《刑事诉讼法》传统条文的适用。

除上述新规外，《刑事诉讼法》在其他领域——主要是电信以外的——也还有其他针对有体的对象而制定的规定：联邦宪法法院明确认同，关于**搜查和扣押**的规定不仅适用于有体的数据载体，也适用于其上所存储的数据。④ 此外，司法判例从比例性原则出发，得出对数据载体的扣押可以替换为取走数据副本；如果通过更轻微的措施能同样实现程序目标，也必须这样做。⑤ 通过邮件服务商访问电子邮件，也是由《刑事诉讼法》第94条和第

---

① 进一步的见本书第四部分第二大点第6点的第(1)小点。
② 对此见本书第四部分第二大点第4点的第(1)小点。
③ 对此进一步的见下面第四部分第二大点。类似的也见 Gercke, ZUM 2011, 609(610f.)和 MMR 2004, 801(806)；部分其他观点见 Maus, MMR 5/2009, XVIII。
④ BVerfGE 113, 29(49ff.)=BVerfG, 2 BvR 1027/02 vom 12.4.2005, Rn. 98ff. Dazu Böckenförde, S. 257ff.
⑤ 同上注，Rn. 113ff.。

95 条对于有体的对象进行扣押的传统条文而进行规定的。①

刑事执法机构在网络中的**秘密侦查**（verdeckte Ermittlungen）主要是依据《刑事诉讼法》第 161 条的侦查条款和第 110a 条的规定而进行的。实践中，强度干预的**电信来源监控**（Quellentelekommunikations-überwachung）②还是基于《刑事诉讼法》第 100a 条中对电信监控的一般授权③，尽管根据技术干预的深度和风险，它其实与在线搜查更具可比性。对于这个问题，联邦最高法院否定了按照《刑事诉讼法》传统规定进行处理的正当性。④

（3）中心问题

在多年合作的基础之上，欧洲理事会在 2001 年《网络犯罪公约》中提出了一个全面的模型。通过该模型，对刑事诉讼程序规则根据信息技术的特殊性进行了调整。这导致在许多领域独立的信息特别法的规范。

尽管德国在 2001 年 11 月签署了《网络犯罪公约》并于 2009 年 3 月 9 日批准了该公约，但至今仍然缺乏在刑事程序法中对其完整的转化，以及总体上为了应对信息技术挑战而对《刑事诉讼法》应作的全面调整。

需要审视的转化缺陷特别包括对数据的即时保全以及**快速冻**

---

① 对此见本书第四部分第二大点第 3 点的第（1）小点。
② 对此进一步的见本书第四部分第二大点的第 1 点。
③ 参见拜罗伊特初等法院，MMR 2010, 266；兰茨胡特地方法院，2011 年 1 月 20 日判决 - Az 4 Qs346/10；汉堡地方法院，2010 年 8 月 31 日判决 - Az 608 Qs 17/10；*Graf*, in: Graf-StPO, 2010, § 100a, Rn. 112ff.。
④ BGHSt 51, 211ff. Siehe auch BVerfGE 120, 274 = *BVerfG*, 1BvR 370/07 vom 27.2.2008; *Jahn/Kudlich*, JR 2007, 57ff.

结程序(第16条、第17条),但是也还有其他方面,比如,提交义务的范围和扣押数据载体的实施。① 对基于《刑事诉讼法》第100a条实施的电信来源监控也没有明确规定。同样的,对刑事诉讼的在线搜查和在线监控的其他问题,也没有定论说明。此外,还有关于侦查措施[刑事执法机构在网络上(特别是在社交网络或封闭的用户组群中)秘密实施侦查措施]的合法化基础的问题。

关于针对有体的对象的刑事诉讼法的干预授权,必须针对访问计算机存储的数据的特殊性而进行调整,因此,需要进行一场全面的改革讨论。可以说,这是对网络中的刑事犯罪进行追诉的改革措施中最为重要的领域了。

2. 证据使用

(1) 国际规定

就计算机数据的刑事证据使用能力②而言,迄今为止仍缺乏国际层面的和谐化。在这方面,只能提及为建立跨国的欧洲证据法所做的一般性努力。③

(2) 德国法律

在德国刑事程序法中,计算机数据是直接——通常通过打

---

① 进一步的参见本书第四部分第二大点。类似的也见 *Gercke*, ZUM 2011, 609 (610f.)和 MMR 2004, 801(806); 部分其他观点见 *Maus*, MMR 5/2009, XVIII。

② Dazu *Bär*, Handbuch EDV-Beweissicherung, 2007, S.1ff.; *Gercke/Brunst*, Praxishandbuch Internetstrafrecht, 2009, S. 374ff.

③ Dazu *Gleß*, in: Sieber/Brüner/Satzger/v. Heintschel-Heinegg (Hg.), Europäisches Strafrecht, 2011, §38.

印，以文书证据（Urkundenbeweis）或视觉证据（Augenscheinbeweis）的方式（例如，打印不可宣读的图像或屏幕截图）——加以使用的。① 在特定条件下，也可能以证人证词的方式进行间接的证据使用，比如，通过对侦查人员的询问。②

根据《刑事诉讼法》第261条的规定，对信息技术的证据进行评估要在自由心证（freien Beweiswürdigung）的基础上进行。法官不受固定证据规则的约束，这类证据规则规定他何时将某一事实认定为证据，或规定他认定某一证据的个别价值为何。③ 但数据的证据价值（Beweiswert）的确定存在困难：数据特别容易遭受数据完整性受损的风险，因为数据通常缺乏在某一可以直接识别操作的媒介上像文书形式那样的、固定的有体化（Verkörperung）。④ 因此，在进行调查之前的阶段，它们的完整性就可能会受到影响，比如，从错误的发送者处发送电子邮件。如果刑事执法机构不当复制数据载体并因此导致变更，则数据完整性在侦查措施的实施过程中也可能造成损害。比如说在在线搜查中，因为在为侦查情况下进行的系统入侵之后，第三方也可能会输入或更改数据，这样就会根本性地破坏证据获取。

为了判定和改善数据的证据能力，在最近几年中进一步发展了法证学科的信息技术，主要关注法律认可的保全方法和数字痕

---

① *Gercke/Brunst*, Praxishandbuch Internetstrafrecht, 2009, S.374f.

② Zu den damit einhergehenden Besonderheiten *Gercke/Brunst*, Praxishandbuch Internetstrafrecht, 2009, S. 374f.; *Marberth-Kubicki*, Computerstrafrecht, 2. Aufl. (2009), S. 291f.

③ *Schorit*, in: KK-StPO, 6. Aufl. (2008), § 261, Rn. 28 m.w.N.

④ *Marberth-Kubicki*, Computerstrafrecht, 2009, S. 287f.

迹的分析。重点在于数据载体的正确复制，在此过程中必须确保证据不会被更改，并且必须复制所有的相关数据。此外，智能手机的数字痕迹也得到了越来越多的关注，如事后的位置定位。①

(3) 中心问题

计算机数据的证据使用在德国法律中没有通过详细的法律规定而进行确定，而是通过司法解释以自由心证的方式，并借助于科学的计算机法证学而加以确定的。对实践来说，就证据保全和评估而言，这里也存在一些困难的问题。

3. 司法组织措施

刑事追诉组织的国际规定主要涉及内容上存在重叠的国家层面侦查之间的合作，这将在本书第三部分第四大点第 2 点中进行介绍。在国内领域，许多方法旨在改善侦查工作。除在警察和司法人员的一般性培训中加入信息技术知识外，优先事项是建立针对信息犯罪与网络犯罪的专门组织。

这种形式的特别部门主要出现在警察系统中，但是在检察系统中也有。联邦犯罪调查局设置了创新技术开发和服务中心（TESIT），以及数据网络独立研究中心总局（ZaRD）。② 州的层面，也在州犯罪调查局、中央刑事和警察监察局中成立了类似的特殊部门。这些部门对证据保全的处理提供建议和支持。

---

① Dazu *Brodowski/Freiling*, Cyberkriminalität, Computerstrafrecht und die digitale Schattenwirtschaft, 2011, S. 124; *Dewald/Freiling*, Forensische Informatik, 2011, S. 49f.

② Siehe zu TESIT http://www.bka.de/nn_206376/DE/DasBKA/Aufgaben/Zentralstellen/Technologien/technologien__node.html?__nnn=true, 以及 ZaRD, http://www.bka.de/nn_206376/DE/DasBKA/Aufgaben/Zentralstellen/ZaRD/zard__node.html?__nnn=true.

在司法部门中有一些州基于《法院组织法》第 143 条第 4 款，设立了专门检察院（Schwerpunkt-Staatsanwaltschaften）["中心办公室"（Zentralstellen）]。作为示例，比如，黑森州的打击网络犯罪的中心办公室，作为法兰克福总检察院的外设部门，对其他检察院提供支持、接管诉讼程序并且进行对信息和网络犯罪的一般性培训。①

三、危险防范法和预防法

危险防范法和直接的警察法预防对于一项成功的刑事政策的意义，在引言部分已经有过强调。就这一重要领域来说，本报告只能列举两项对实践有重要意义的措施，这些措施已经在公开范围引发了很大的争论，对此德国法学家大会（DJT）或许会提供法律政策的意见。对此，一方面，是关于留存数据存储，对于根据《刑事诉讼法》第 100g 条关于互联网协议地址的有效的信息提供请求（Auskunftsersuchen）和由此而形成的最重要的侦查手段来说，这些数据具有至关重要的意义。另一方面，是在刑事政策中经常被反复论及的网络阻断，其涉及信息自由和人格权保护的中心问题，并因为相关的技术监控设施以及可能的副作用而同样与刑事追诉问题紧密相关。②

---

① 2011 年 8 月 26 日新闻报道，访问地址 http://bit.ly/yp7orZ。
② 这种联系体现在比如议会中所讨论的建议，将网络阻断与对相关访问尝试的自动化"嫌疑举报"联系起来。对此建议持否定意见，Sieber, JZ 2009, 653, 659f.。

1. 留存数据存储

(1) 国际规定

欧洲理事会的《网络犯罪公约》没有包括关于留存数据存储的规定,而是仅限于刑事诉讼程序中的快速冻结程序(Quick-Freeze-Verfahren),通过这一程序可以按照第16条和第17条的规定命令在个案中存储数据。但是,如果互联网用户没有嫌疑,就不能收集他们的额外的数据。进一步的对于一般性留存数据存储,在《网络犯罪公约》的磋商过程中无法达成一致。①

因此,欧盟在对留存数据存储的要求与和谐化方面扮演了先锋角色,其在2006年通过了关于留存数据的2006/24/EG号指令。② 这一指令规定,电信服务商有义务收集特定往来数据,并且保存6—24个月的时间。该指令第12条规定了例外情况。迄今欧盟的27个成员国中只有23个国家签署了这一规定。③ 一些国家因为宪法的考量而没有在国内法中进行转化,在其他国家中基于这一指令而颁布的法律则被宪法法院废除。④ 2012年,爱尔兰高级法院向欧盟法院提出了疑问,即留存数据存储指令是否违反了《欧盟基本权利宪章》或《欧洲人权公约》。⑤

---

① Vgl. SEV Nr. 185, Explanatory Report, Nr.135.
② ABl. L 105/54 vom 13.4.2006.
③ http://eur-lex.europa.eu/LexUriServ/LexUriServ.do? uri = CELEX: 72006L0024: DE:NOT.
④ 在准备阶段爱尔兰就对指令向欧洲法院提起诉讼,声称指令从形式上的理由来看是无效的,因为欧洲共同体对这一内容的规定没有立法职权。对此见 EuGH, Urt. vom 20.9.2009, Rs. C-4/73 (*Irland v. Parlament und Rat*).
⑤ http://heise.de/-1 424 117.

第三部分 规范现状：国际框架和现行德国法

（2）德国法律

德国主要是在2008年1月1日通过《电信法》第113a条、第113b条和《刑事诉讼法》第100g条转化了留存数据指令。① 联邦宪法法院在2008年通过临时禁令（einstweilige Verfügung）对《电信法》的规定进行了重大限制。② 之后在2010年3月2日的判决中，联邦宪法法院认定，《电信法》第113a条、第113b条和《刑事诉讼法》第100g条的一部分，因为违反《基本法》第10条第1款而无效。③ 法院认为，在将来重新引入留存数据存储是可能的，但是需要通过高安全标准，违反法律的相应制裁，透明度、公开的数据查询，司法控制以及最重要的坚持比例原则，从而对保留数据存储进行很大程度的限制。

就刑事追诉机构对数据的访问而言（这些数据是仅按照国家对留存数据的规定而予以存储），联邦宪法法院还要求，对于属于在授权规范的犯罪目录中所列出来的严重的刑事犯罪，必须具有根据某些事实建立的怀疑。④ 如果提供商已为其自身（比如，技术或结算相关的）利益而保存了这些往来数据，则法院会允许对往来数据进行随意访问。⑤ 法院认为，对于给其临时用户动态分发的IP地址分配的——在当前情况下特别相关的——特殊留存（数据）存储以及来自电信提供商的IP地址所有者的相关信息，

---

① BGBl. I 2006, S. 3198.
② BVerfGE 121, 1 = *BVerfG*, 1BvR 256/08 vom 11.3.2008.
③ BVerfGE 125, 260ff. = *BVerfG*, 1BvR 256/08 vom 2.3.2010.
④ BVerfGE 125, 260(328f.) = *BVerfG*, 1BvR 256/08, vom 2.3.2010, Rn. 228ff.
⑤ BVerfGE 125, 260(328f.) = *BVerfG*, 1BvR 256/08, vom.2.3.2010, Rn. 227.

对其访问的侵入性要小得多。因此，即便属于犯罪目录以外的、没有那么严重的犯罪（也包括严重的秩序违反行为），且没有经过法官保留，也可以创设这种信息要求。①

由于政府执政联盟的意见分歧，尽管欧盟以不转化程序（Nichtumsetzungsverfahren）进程威胁，但迄今为止也仍尚未出台新的留存数据存储规定。除根据联邦宪法法院的措施而对指令重新进行转化外，在2001年也对快速冻结程序（作为留存数据存储的替代方法）进行了讨论。②

（3）中心问题

留存数据存储问题涉及了真正的数据保护法和信息法的问题，国际和国内都对这些问题制定了特别的规定。在欧洲层面上，欧盟法院（EuGH）会如何依据关于留存数据存储的欧盟指令进行判决、是否其会导致欧盟对该指令的修订，都还未可知。在德国，改革的讨论在政治层面受到阻碍。若是德国法学家大会在此能够提出建议，那么将会有所助益。正因为政治上的评估存有争议，因此需要一项折中方案，以解决互联网侦查领域中识别攻击者的问题。

2. 对儿童色情的网络阻断

（1）国际规定

在儿童色情内容的预防性阻断领域，也是欧盟提出了第一项国际建议。根据《2009年关于打击对儿童以及儿童色情的性滥用和性剥削的指令》的最初倡议，各成员国应采取必要措施，对访

---

① BVerfGE 125, 260 (328ff.) = *BVerfG*, 1BvR 256/08, vom. 2.3.2010, Rn. 227.
② Vgl. *Schramm/Wegener*, MMR 2011, 9ff.; *Hornung/Schnabel*, DVBl 2010, 824ff.

问有儿童色情的网站加以阻断。应当根据适当的保护措施来实施访问阻断（Zugangssperrung），尤其应确保将访问阻断限制在最低程度内，并向用户告知阻断的原因，以及向内容提供商告知其提出异议的可能性。该指令目前仅将阻断及上述前提条件规定为任择性的。①

（2）德国法律

在德国，根据《青少年媒体保护国家合同》第 20 条第 4 款和《广播国家合同》第 59 条第 3 款、第 4 款的规定，长久以来就已存在特别领域的对网络非法内容加以阻断的可能。但是对此负责的各州青少年保护机构并未运用过。这首先是出于对阻断措施无效性的考量。② 此外，负责机构是依靠网络服务提供者（Internet Service Provider）的自愿措施来实现阻断。③

在 2009 年大执政联盟颁布了——对所有非法内容均有效力的——阻碍访问通信网络上儿童色情内容的法案［访问阻碍法（Zugangserschwerungsgesetz）］。此法于 2010 年生效。后面的基督教民主联盟党（或基民盟）和自由民主党组成的政府执政联盟在联盟协议中，达成了不实施此法的合意，就本法规在规范等级和联盟协议中的级别而言，这种处理是不寻常的。此法案于 2011 年年底被废除。④

---

① ABl. L 335/1 vom 13.12.2011.

② 这一决定基础参见相关意见，见 *Sieber/Nolde*, Sperrverfügungen im Internet, 2008.

③ 参见青少年媒体保护委员会的第 4 次行动报告，第 35 页及以下，http://www.kjm-online.de/files/pdf1/KJM_4terBericht_Homepage.pdf.

④ BGBl. 2001 I, S. 2958.

（3）中心问题

网络阻断的问题涉及一个特殊的信息法问题，其被信息自由深刻影响、塑造。对非法内容的网络阻断在法政策上存有争议。鉴于阻断和过滤技术的进一步发展①，未来关于实施阻断的讨论将很大程度上转变为支持与反对的法律依据。

四、刑事追诉的国际合作

互联网上简单、快速和几乎无法控制的全球数据传输，要求国内刑事追诉体系的全面的国际合作。② 问题尤其在于，网络犯罪相关的刑事适用法（第1点）、全球网络空间中的国内侦查权限（第2点）以及国际机构和司法协助与其机制性方案（第3点）。

1. 刑法适用法

（1）国际规定

实践中特别重要的是，根据属地管辖——特别是对非法内容——在 A 国计算机系统上提供的数据也导致 B 国的刑事管辖权限，简单地用"点一下鼠标"的方式就能够在计算机系统上进行访问这些数据。③ 因为可能的多重犯罪地点和其他刑事管辖原

---

① 对此见本书第二部分第二大点的第3点。
② 关于相关的基本问题见 *Sieber,* Rechtstheorie 41 (2010), 151(154ff., 190ff.); *ders.,* ZStW 121(2009), 1(2ff., 16ff., 66)。
③ 对于网络中的属地原则见 *Hilgendorf/Frank/Valerius,* Computer- und Internetstrafrecht, 2005, S. 62ff.; *Sieber,* in: Koops/Brenner (Hg.), Cybercrime and Jurisdiction, 2006, S. 183ff.。

第三部分 规范现状：国际框架和现行德国法

则，就提出了另一个问题，即若是造成全球后果的病毒攻击会导致存在多国的管辖权限，对不同管辖权限的次序排列是怎样的。① 对这一问题，在国际规定中只存在一些笼统规定，但是没有深入真正有争议的问题。

——2001 年欧洲理事会的《网络犯罪公约》② 没有包括对于司法管辖权的详细的针对计算机的特别规定。第 22 条是从领土管辖和积极的属人管辖出发，并且规定了对多重管辖权限的咨询义务（Konsulationspflicht）。

——2008 年《关于打击仇恨和排外犯罪的特定形式和表达方式的框架决议》③ 第 9 条、2005 年《关于攻击信息系统的框架决议》④ 第 10 条和 2010 年《关于攻击信息系统的指令建议》⑤ 第 13 条规定了司法管辖，若行为人在实施行为时身处在该国领土内，或者行为人行为涉及位于该国领土内的信息系统。2005 年《关于攻击信息系统的框架决议》规定，对重叠管辖权由成员国集体决定由谁进行刑事执法，以便尽可能将程序集中在一个成员国内。对此应当考虑如犯罪地、行为人的国籍国和侵害地的这些连接点。欧盟在 2010 年关于攻击信息系统的新的指令建议对此没有作出规定。

---

① Dazu *Sieber,* The International Handbook on Computer Crime, 1986, S. 113f., Souie den Überblick bei *Gercke/Brunst,* Praxishandbuch Internetstrafrecht, 2009, S. 59ff.
② 参见 2001 年 11 月 23 日欧洲理事会《网络犯罪公约》（SEV Nr. 185）。
③ ABl. L 328, S. 55 vom 6.12.2008.
④ ABl. L 69/67 vom 16.3.2005.
⑤ 2010 年 9 月 30 日欧盟理事会《关于针对信息系统攻击和废除 RB 2005/222/JI 的指令的建议》，KOM(2010)517 endg.

——根据2011年《关于打击对儿童的性剥削和儿童色情的指令》① 第17条第3款的规定，通过电子数据处理系统（EDV-System）实施的犯罪，若对此能从某一国家领土内进行访问，则该国也享有司法管辖权，无论该技术行为是否位于该国领土内。

——2009年《关于避免和解决刑事管辖权冲突的第2009/948/JI号欧盟框架决议》要求一个一般性的、对于所有犯罪领域都适用的对刑事程序的通知和信息义务，并就管辖权冲突时如何达成协议提出了建议［可能会是在欧洲司法合作组织（Eurojust）参与下］。②

（2）德国法律

德国刑法适用法通过《刑法》第9条的普遍管辖原则，明确了《刑法》第3条的属地管辖原则。第9条规定：正犯实施行为的地点为"行为人的行为地或在不作为情况下本应实施行为的地点**或属于构成要件的**结果的发生地"。这一规定对网络中的大部分犯罪来说没有问题，因为犯罪地的依据是攻击地（行为地），以及侵害或具体危险发生地（结果地）。这对于抽象危险犯来说，特别是对于互联网相关的内容犯罪来说，却是有争议的，争议在于是否行为的抽象危险就可以被视为《刑法》第9条第1款中的结果。历史解释认为，对于《刑法》第9条中的结果概念的适用，立法者并没有想将其限制在按照一般构成要件理论的狭义

---

① ABl. L 335/1 vom 13.12.2011.
② ABl. L 328/42 vom 15.12.2009.

结果概念上。① 对潜在的危险犯罪（potentielle Gefährdungsdelikte）这一下位类型，联邦最高法院在对于《刑法》第130条第1款和第3款的判决中认定了抽象危险是"属于构成要件的结果"，因为构成要件中含有进一步细致描述的适格性条款（Eignungsklausel），② 但也强调，这一决定不能对其他的（危险）犯罪进行一般化推广。对于抽象危险犯，抽象的危险是否能够被认为是《刑法》第9条第1款中"属于构成要件的"，仍然悬而未决。从法律文本出发，应当对此进行否定。③ 因此，抽象危险犯的犯罪地概念——主要是对网络中传播非法内容而言——仍然不甚明了。④ 与此相对，适用刑法适用法的其他原则没有引发特别问题。

（3）中心问题

网络犯罪对刑法适用法的诸问题，是由于数据的普遍性以及简单、快速的数据访问而导致的，即使是在较大的空间距离和跨国界范围：如果书商在美国向一名德国游客出售一本宣扬国家社会主义的书，并且该游客将此书带回了德国，那么毫无疑问，德国刑法适用于书商的销售行为。但是如果是同样的数据存在于美国服务器上，且能在德国通过点击即刻进行访问，那么从表面上

---

① *Sieber,* NJW 1999, 2065, 2068 f.
② *BGH,* MMR 2001, 228(230 f.).
③ *Sieber,* NJW 1999, 2065 ff.。因此，根据此处所主张的解决方案，仅当行为人自己通过使用所谓推广技术［(sog. Push-Technologien)，比如说电子邮件］，使行为结果的发生位于国内时，才构成一个国内行为。而如果是其将数据存储在国外并且这些数据之后由他人在国内进行访问，那么则不构成一个国内行为。其他观点见 *Hilgendorf,* NJW 1997, 1873。
④ Vgl. dazu bereits *Hilgendorf,* NJW 1997, 1873ff.

看,很容易就得出应当将德国刑法扩张适用到美国的服务器运营者。

就此种数据可访问性的情形来说,无论在国内层面或在国际层面,对属地主义原则以及特别是普遍性原则的解释,都是不清楚的。但是考虑到信息的特殊性,此问题的解决不是必须一定要以传统的属地主义原则来进行,也要考虑信息自由以及自由的信息流动。

更进一步来说,在网络犯罪领域缺乏能够对相互竞争的多重管辖权以清晰的规定来确定管辖权,以及阻止对于刑事追诉者的**挑选法院**(forum shopping)和对于犯罪行为人的(主要是欧洲的)"一事不二罚挑选"(ne-bis-in-idem-shopping)的方法。① 管辖权法律上的国际合作目前处于其发展的初始阶段。

2. 全球网络空间中的跨境侦查

(1) 问题

在自己领土外适用国内法不仅涉及刑法适用法的问题,即国内刑事法庭在何种情况下能够对结果发生在域外领土的案件进行审判[**司法管辖权**(jurisdiction to adjudicate)]。在网络犯罪的实践中,更重要的问题是刑事追诉法的问题,就是当侦查——确定或可能的——与国外的计算机系统有关或以其他方式涉及其他国家的主权权利,国家能够在"全球网络空间"进行侦查活动[**执法管辖权**(jurisdiction to enforce)]。

---

① *Sieber*, ZStW 121 (2009), 1(12).

第三部分 规范现状：国际框架和现行德国法

此外，与他国主权权利的冲突不仅是限制在获得（知悉）外国的数据上，而是也关系到数据的主动提供和更改。比如，如果秘密侦查人员与德国警察对于——可能也位于德国的——在外国互联网平台上的嫌疑人进行沟通，就是这种情形。如果使用了某些技术来追踪黑客攻击，或者如果受到监视的手机或笔记本电脑被被告人带到了国外，会发生类似的问题。这些**执法管辖权**的问题，在法律上，不仅关系到对他人计算机的在线搜查，也关系到根据《刑事诉讼法》第110条第3款将传统搜查扩展到空间上分离的存储媒介上，特别是云计算。那么在特别情形中，当刑事追诉机构不知道他们要查看或修改的数据所在的服务器位于哪个国家的时候，此问题就已经存在了。① 在部分情况下，针对这类案件和其他有疑问的案件，外国法律实践会通过——经常是谨慎的——提示，来维护自己侦查行为的合法性，也即指出通常不知道某些数据和侦查是否涉及外国领土，并且不知道是不是在良好目的侦查（Good-Faith-Ermittelungen）的允许范围之内。

当侦查机关向国内母公司的员工施加压力，以从其国外的子公司获取这些数据的时候，或者当向其国内的子公司施加压力，以强迫获取其母公司的数据时，也涉及国家主权的边界。这些场景也是很重要的，因为许多互联网的领域由少数全球经营的公司如谷歌和Facebook所主导，且因此许多与

---

① 对此参见第二部分第二大点的第1点。

德国侦查程序相关的数据是位于国外的。

关于全球访问跨国公司数据的相关实践尚未进行充分研究：根据德国警方提供的信息，所有跨国侦查，即使涉及跨国公司的外国数据，是在外国主管当局的参与下通过行政和法律协助进行的。但是，根据国际机构提供的信息，跨国公司的欧洲子公司已然准备好向欧洲刑事追诉机构提供其外国母公司的某些数据，这也是部分的实践情况。这也适用于美国公司，比如说对于在美国不那么敏感的往来数据，但是对于需要正式司法协助程序的内容数据则并非如此。因此，无论是关于在外国直接的自己侦查（Eigenermittlung），还是对相关国内公司间接的数据访问，法律实践和法律理由在这一领域仍然是不甚明了的。①

（2）国际规定

欧洲理事会的《网络犯罪公约》在司法协助的章节对**执法管辖权**的部分问题进行了规定。根据该公约第 32 条的规定，在没有其他缔约国授权的情形下，缔约国有权在他国领土上访问"a）公开可访问的存储的计算机数据（公开来源）……无论数据位于何处，或者 b）位于其他缔约国领土内的存储的计算机数据……如果他们获得了有合法权限（即通过此计算机系统将数据传输给他们）的人的合法且自愿的同意"。这一规定在《网络犯罪公约》的协商中经过了长期且存有分歧的讨论，主要是关于"合法且自

---

① 对此见下面第四部分第四大点第 2 点的第(2)小点。

第三部分　规范现状：国际框架和现行德国法

愿的同意"的要求。① 除了对此的解释，还涉及是否以及在多大程度上，个人可以完全不考虑国家的主权问题。② 一些国家拒绝《网络犯罪公约》，也部分归责为这一跨国在线访问的规定。因此，尤其是俄罗斯联邦，迄今为止仍然没有签署前述公约，因为其认为第32条b款对其各联邦成员国的安全和主权来说是一种危险，只要基于不清晰的文本，有任意一个人的同意，就能够渗透进入其他国家的计算机网络工具中，而无须将此种侵入通知相关国。③

对跨国的国际侦查进一步的协商一致，迄今为止尚未成功。欧盟在与计算机相关的侵入授权领域至今仅颁布了一个一般性意见。④ 在2003年《关于获取用于刑事诉讼的物品、文件和数据的欧洲证据令的框架决议的一般性建议》⑤中，关于一般的司法协助，就有一条类似的在他国领土进行跨国在线证据收集的规定，类似于《网络犯罪公约》第32条。2003年建议的——2008年的框架决议中没有规定的——

---

① 参见解释性报告（Rn. 200），关于第32条参见边码294："何人由'法律授权'去披露数据，可能很大程度上取决于具体情况、人员性质和相关的适用法。"

② 对此也见下面第四部分第四大点第2点第（2）小点的第③项。

③ Cybercrime Convention Committee, Compilation of responses to questionnaire for the Parties concerning the practical implementation of the Convention on Cybercrime, T-CY (2008) 01.

④ 参见2001年1月26日委员会通知，KOM(2000) 890 endg.，以及2001年9月6日欧洲议会的相关意见，2001/2070(COS)。

⑤ 2006年11月15日，KOM(2003) 688 endg.。之后第21条在欧盟《理事会2008年12月18日关于获取用于刑事诉讼的物品、文件和数据的欧洲证据令的第2008/978/JI号指令》中，也没有其他替代而直接被删掉了。

第 21 条也规定:"对于欧洲证据令,无须进一步的手续形式,应予执行:如果 a)所要求的计算机数据位于他国领土内的信息系统,但执行国领土内的自然人或法人通过电子通信网络能够合法获得,以及 b)该计算机数据,与该法人或自然人在执行国领土内为同一国领土内的法人或自然人提供的服务有关。"① 删除这一规定,说明了全球网络空间中"域外侦查"这一未解决问题的高度政治敏感性。

(3) 中心问题

跨国侦查在网络中不像在"有体的"层面那样简单和有吸引力。但是这——除了《网络犯罪公约》第 32 条和对公开万维网页面的侦查——是不清楚的,也可能是违反国际法的。② 此外这也关系到信息法全球化的根本问题。因此这些问题在本鉴定报告的改革部分不再详细探究。在这一基础上的问题是,在网络空间中是否应当扩张全球范围内的自己侦查,抑或是否应当通过制定国际与超国家的制度,来进一步发展机构协助和司法协助的体系。

3. 国际协作法

(1) 引渡和移交人员

因为计算机数据和计算机相关的侦查没有在关于引渡和移交犯罪嫌疑人与被告人的问题上体现出特别性,所以对此依然适用

---

① Dazu *Gleß*, in: Sieber/Brüner/Satzger/v. Heintschel-Heinegg (Hg.), Europäisches Strafrecht, 2011, §38.
② 对此下面第四部分第四大点第 2 点的第(2)小点。

一般性的规定。① 在欧洲逮捕令程序中，许多计算机犯罪都属于可以免除双重刑事处罚审查的 32 个犯罪领域。根据 2002 年《关于欧洲逮捕令的第 2002/584/JI 号框架决议》② 第 2 条第 2 款的规定，这一般性地适用于计算机犯罪以及恐怖主义、儿童色情、诈骗犯罪、种族主义和排外主义、仿造和盗版以及伪造支付工具。③

欧洲理事会的《网络犯罪公约》第 24 条包括在双重刑事处罚基础上关于对公约第 2 条至第 11 条所描述的行为的引渡规定。此外，公约第 24 条第 3 款允许没有签订引渡协议的缔约国，将公约作为对于计算机相关犯罪引渡的法律基础。

（2）司法协助

对于一般的司法协助方法也存在类似情况。可以首先适用的是一般性的规定，比如，1959 年《关于刑事案件司法协助的一般欧洲公约》和其两个附属议定书、④ 2000 年《欧盟成员国间关于刑事事项司法协助的公约》⑤ 以及许大量的其他文件。⑥ 犯罪规定

---

① Dazu *Lagodny*, in: Sieber/Brüner/Satzger/v. Heintschel-Heinegg(Hg.), Europäisches Strafrecht, 2011, §31.
② ABl. L 190 vom 18.7.2002.
③ Näher *v. Heintschel-Heinegg*, in: Sieber/Brüner/Satzger/v. Heintschel-Heinegg (Hg.), Europäisches Strafrecht, 2011, §37.
④ 1959 年 4 月 29 日, SEV Nr. 030; 1978 年 3 月 17 日, SEV Nr. 099; 2001 年 8 月 11, SEV Nr. 182。
⑤ 2000 年 5 月 29 日欧盟理事会关于建立公约的法律行动——根据《欧盟条约》第 34 条——关于在刑事事项上各欧盟成员国之间的司法协助, 2000 年 7 月 12 日, ABl. C 197。
⑥ 参见欧盟理事会 2003 年 7 月 22 日《关于在欧盟中执行财产或证据保全的决定的第 2003/577/JI 号指令》等, 或者欧盟理事会 2005 年 2 月 24 日《关于没收刑事犯罪所得、工具和资产的第 2005/212/JI 号指令》等。

和计算机领域中的诸多规定对一般性规定进行了补充。这些特别规定尤其来源于欧盟和欧洲理事会。这里最有意义和最详细的还是欧洲理事会的《网络犯罪公约》。

——2001 年的《网络犯罪公约》① 在第 23 条及以下，详细规定了在对所存储的计算机数据进行即时保全、搜查和扣押，以及对计算机和内容数据进行实时收集的框架下的国际合作。也同样规定了关于司法协助请求的一般程序性规定，其要求建立 7 天 24 小时的联络处和引渡一般原则。

——2000 年欧洲理事会《为了打击网络儿童色情的第 2000/375/JI 号决议》② 该决议旨在开展广泛和及时的合作，以有效地侦查和起诉此类犯罪（其中包括通过建立联络处以对网络中相关发现进行报告）。

——2005 年的《欧盟框架决议》③ 第 11 条仿效新的指令建议第 14 条，要求提供进行全天候式的信息交换的执行联络处以打击高技术犯罪。

——2007 年欧洲理事会《关于保护儿童免于性剥削和性滥用的公约》④ 依据第 38 条规定，将会就第 20 条中所列举的儿童色情犯罪进行追诉的问题，在缔约国间达成协作。

---

① 参见 2011 年 11 月 23 日欧洲理事会《网络犯罪公约》(SEV Nr. 185)。
② ABl. L 138 vom 9.6.2000.
③ 参见 ABl. L 69/67 vom 16.3.2005。也见欧盟理事会 2001 年 6 月 25 日《关于为了打击高技术犯罪的全天候式信息交换的执行联络处的建议》)。
④ SEV Nr. 201 vom 25.10.2007。

（3）机制方案

对于国际协作，支持跨国协作的特殊机制的方法变得越来越重要。通过欧洲刑警组织（Europol）、欧洲反欺诈办公室（OLAF）、欧洲司法组织（Eurojust）的继续发展，以及建立欧洲检察官的诸计划，欧洲的刑事合作表明了，这些机构可以作为建立进一步的合作形式直至诸多超国家机构的初步阶段。①

当前，为了打击网络犯罪，24/7全天候网络尤为重要，其中每周7天每天24小时都可以联系到专门从事计算机犯罪的专家。这样的组织单位可以追溯到1997年八国集团（G8-Staaten）的倡议，之后在《网络犯罪公约》第33条中达成协议，并为各种欧盟文件所要求。② 在德国负责的国内机构是联邦犯罪调查局。③

（4）中心问题

在国际协作的法律中有一些网络领域中的特别规定，但是这些不包括对完善问题的解决方案。尽管在制度层面有提到过的7天24小时联络处，尚不具备比传统合作领域更广泛权限的其他机制。这尤其导致了一个问题，即在欧洲刑法中已经发展出来的那些包括新制定的超国家制度的司法协助形式，是否能够在网络犯罪的特定领域国际性地进行扩张。此外，在网络中实现简单的、国际化的数据交换，能为网络领域中新的解决方案提供一些空间。

---

① *Sieber*, ZStW 121 (2009), 1(48ff.).
② 参见欧盟理事会2001年6月25日《关于为了打击高技术犯罪的全天候式信息交换的执行联络处的建议》和2005年2月24日《关于攻击信息系统的第2005/222/JI号框架决议》第11条。
③ Dazi http://www.bmi.bund.de/SharedDocs/Standardartikel/DE/Themen/Sicherheit/SichAllge/Internetkriminalitaet.html? nn=246796.

五、结论

对网络刑法的现行的法律总体框架的分析表明，存在超乎寻常多数的相关的欧盟指令和旧的框架决议、各种机制的国际公约以及许多国际的建议和国际合作的特别机构。它们作为一种国际共识，尤其重要，因为在全球网络空间领域，没有这样的共识就不可能有有效的法律、法规。因此有必要了解它们。

在德国，许多领域已经认识到，对于数据和信息相关的问题不可能通过针对有体的对象的传统条文而得到解决，而是需要信息领域中的特别规定。但是，这种认识也还没有得到广泛的落实。因此还存在进一步的行动需要，特别是对于刑事程序法和国际合作。在改革中也还包括一些——尤其是实体法的——领域，在这些领域中已经尝试去制定信息领域中的特别规范，但是仍然必须加以补充、完善和体系化。恰当的网络刑法的形成，既在国际上又在德国，已经有了长足发展，但是仍然存在巨大的尚未实现的任务。总体来说，需要一个全面的改革计划。

第四部分

法律政策结论
改革需求与建议

Straftaten
und **Strafverfolgung**
im Internet

一、实体刑法

实体的信息刑法的法律政策目标，可以从已经阐述过的现行法律中得出。现行法律阐明了个人和社会的数据保护利益的复杂基础。对此主要涉及以下诸方面的这些保护：

——对数据进行存储的人，针对其信息系统和数据的完整性、可靠性和可用性的侵害（第1点）；

——个人，其人格权通过个人数据内容处理而受到影响（第2点）；

——权利人，关于其对于特定数据内容的处分权的商业保护（第3点）；

——全体，针对具有社会危害性的数据内容的损害性后果（第4点）。

1. 对计算机系统和数据完整性的保护

（1）问题：对新法益的保护

在第三部分第一大点第1点中的分析已经介绍了计算机领域中的特别构成要件，其作为实体网络刑法的中心条文，旨在保护计算机系统和数据的可靠性、完整性和可用性：非法探知数据（《刑法》第202a条）、非法截获数据（《刑法》第202b条）、非法探知数据和非法截获数据的预备犯罪（《刑法》第202c条）、更改数据（《刑法》第303a条）和损毁计算机（《刑法》第303b条）。联邦宪法法院对在线搜查案的决定确定了这些保护领域的核心意义，法院承认了对计算机系统的完整性作为基本法所保护的一般人格权的特殊形式。① 国际和国内关于上述犯罪的刑事可罚性的共识，在这个问题上是正确的，因为计算机系统和数据的完整性对现代信息社会具有重要的意义，然而它却受到上述犯罪的极大威胁，而且通过其他措施只能得到有限的保护。当前的威胁状况以及对访问数据和黑客工具的有组织交易，也正当化了适当的针对散布有害软件的前置化保护，只要在不损害合法经营的安全公司的正当利益范围内。

德国规定基本上足以涵盖在第二部分所分析的犯罪。但是，必须对这些规定进行个别修正，且更好地按照国际规定加以调整。在此次改革中，因为其法益之间的关联，不同的犯罪构成要件应当置于刑法典中的一个共同部分中，并且进行更好的体系化。这些目标能够通过下面措施而得以实现。

（2）关于非法探知数据和非法截获数据（《刑法》第202a条、第202b条和第205条）的建议

现在的《刑法》第202a条第1款非法探知数据的犯罪构成要件规定的是，突破数据安全访问措施而非法获取对存储的数据的访问，这一构成要件应当——与欧洲理事会《网络犯罪公约》②、

---

① BVerfGE 120, 274 = *BVerfG*, 1 BvR 370/07 vom 27.2.2008.
② 参见2001年11月23日欧洲理事会《网络犯罪公约》(SEV Nr. 185)。

2005年《欧盟框架决议》①和2010年欧盟《指令提案》②的国际规定相一致——在其第1款中，不是规定对数据的非法访问，而是已经在对**信息系统或信息系统部分**的非法访问的阶段，就处以2年以下有期徒刑。这种方式的刑法设置是对系统进行保护，虽然比现在的对于系统数据的规范保护范围更广，但是符合对信息社会中的核心设备进行保护的利益，而且也与相关的诸多国际建议相一致。

现行的2005年欧盟框架协议中为任意性的、在现在的2010年欧盟《指令提案》中不再明确提及的突破访问安全措施，应当——与2011年③欧盟理事会关于2010年欧盟《指令提案》的决议一致——为了合理限制刑事可罚性而在德国法中继续保留，并且在欧洲法中至少作为任意性的要件而进行规定。突破安全措施表明了所保护的数据或信息系统对受害者的意义，明确了对行为人来说的他人权限的边界，要求行为人具有一定程度的犯罪能量以及也提供了对行为人不法意识的一个证明；反之，应当拒绝除此之外的关于特殊数据形式的构成要件限制，这也是因为构成要件是为了对计算机系统的完整性进行全面的保护，联邦宪法法院已经在在线搜查的决定中正确地强调其必要性。

此外，在法条的第2款中，不仅可以对突破访问安全以获得对受保护的信息系统的访问的人，还可以对突破访问安全以为自

---

① ABl. L 69/67 vom 16.3.2005.
② 2010年9月30日欧盟理事会《关于针对信息系统攻击和废除 RB 2005/222/JI 的指令的建议》，KOM(2010)517 endg。
③ Rats-Dokument 11 566/11 vom 15.6.2011.

己或第三人非法获取受访问安全保护的数据的人，处以 3 年以下（在特殊情况下进行升格）有期徒刑。

在法条的第 3 款中，应当出于体系性理由，在第 202b 条中增加非法截获数据行为，将从非公开数据传输或数据处理装置的电磁辐射（没有突破访问安全的额外要求）中非法获取数据的行为犯罪化。

对于所有的构成要件行为选项，应当在第 4 款中规定，2010 年欧盟指令所建议的未遂的刑事可罚性。与文献中的代表观点相反，《刑法》第 202c 条广泛的前置化构成要件与所缺乏的未遂的刑事可罚性，并不构成"体系矛盾"，① 因为行为人在未遂阶段已经将自己的单一行为具体化到了一项个人法益上，并且因此也通常造成了客观危险，相反，《刑法》第 202c 条的前置刑事可罚性的正当性——至少也——在于"犯罪工具"自由流通的危险和由此而来的**大规模犯罪**的危险。因此，未遂的刑事可罚性通过信息系统和数据的完整性的高度价值和对其的严重侵害而得到了正当化。

因为这一条文对攻击信息技术基础设施的预备犯罪具有决定性意义，应当在所有的三个构成要件行为选项中——作为第 5 款或在一个单独的规定中——都规定明确的刑事量刑理由，或者在一个加重构成要件中规定 5 年以下有期徒刑的升格量刑幅度。这一加重应当——按照 2010 年欧盟《指令提案》在大规模攻击的领域，且稍微超出 2011 年补充的欧盟理事会建议——包括三个选

---

① So *Ernst*, NJW 2007, 2261 (2262).

项：团伙或者营利性的犯罪、对大量信息系统的（潜在）侵害①以及造成大规模的损失。与此相对，2010年欧盟《指令提案》还包括了滥用他人身份的行为，但这对于此类攻击来说是典型的方式，因此不是充分的加重理由。

在《刑事诉讼法》第100a条和同样援引此条的《刑事诉讼法》第100g条中，应当包括这些加重情形，以便能够（仅）对严重的犯罪实施方式进行电信内容的监控以及请求获得特定的往来数据。就此种刑事程序的基础和联邦宪法法院关于访问被强制存储的往来数据所提出的高度确定性要求而言，相较于举例式规定的技术（Regel-Beispiel-Technik），这里的首选则是穷举式的加重构成要件或者穷举式的刑事量刑规定。

应当取消现行有效的《刑法》第205条的告诉要求，因为相关的犯罪，比如就建立僵尸网络②而言，其主要涉及的也是全体利益，且往往受影响者自己也未注意到。若是设置了上面所建议的对大量受害者的侵害的加重构成要件，则传播病毒和蠕虫以及僵尸机感染自然也包括在内了，那么，也可以对基本构成要件保留告诉要求。

（3）关于更改数据和损毁计算机（《刑法》第303a和第303b条）的建议

《刑法》第303a条第1款和303b条关于变更数据和损毁计算

---

① 在2010年欧盟指令中的建议所包含的表述"应用工具从而导致对大量信息系统的攻击"，以现在的僵尸网络和病毒为导向，仅从对于"工具"的要求上看是有问题的，而不是以大量受害者的一般法律视角，也过于狭窄了。

② 对此见上面第二部分第一大点第1点的第(4)小点。

机的——在文献中被称为"几乎无法忍受的'混杂物构成要件'（Konglomerattatbestand）"①——构成要件选项，应当将复杂的法律现状加以简化，通过一个单一的处 3 年以下有期徒刑刑事处罚，在一个条文中进行总括和体系化：新的基本构成要件应当在第 1 款（可以在第 1 项）中，对现在的《刑法》第 303a 条列举的删除、干扰、破坏和修改数据，以及现行的《刑法》第 303b 条第 1 款第 2 项规定的（以造成不利影响的意图）输入和传输数据，进行总结。应当（可以在第 2 项或者在新的一款中）将对数据处理设备的危害性影响，与这些对数据的攻击，一同进行规定。

由于现行的《刑法》第 303a 条中所规定的行为，特别是修改和删除数据的行为，在信息技术领域是作为日常行为的中性进程，因此《刑法》第 303a 条规定的构成要件措辞因没有违法性要求而未描述类型化的不法。在实然法上，该条规定应当限制在——涵盖在行为人的故意（Vorsatz）中——造成对受害者不利的情形上。否则，一种仅能通过规范化的违法性判断才能评价的日常行为，就会被解释为是可以处以刑事处罚的。对于现行《刑法》第 303b 条中所列的犯罪行为，即输入和传输数据，这一构成要件具有此种限制性功能，因为其要求行为具有施加不利的意图（Nachteilszufügungsabsicht）。然而，由于要将构成要件限制在类型化的不法这一要求，其对所有的变更数据和损毁计算机的行为来说都是相同的，所有的行为也必须以同样的形式——在客观构成要件中（而不需要像《刑法》第 303b 条第 1 款第 2 项那样诉诸特

---

① Vgl. *Schmölzer*, ZStW 123 (2011), 709(732).

殊的意图要素）——加以限制。因此就可以将与数据相关的所有攻击形式都放在一个单一的选项中，这样就可以根本性地对构成要件加以简化。因此，新的《刑法》第303a条的基本构成要件应当规定为，对他人数据处理系统中的数据进行删除、干扰、破坏、更改、输入和传输，并以此故意对他人造成重大不利影响。相应的对数据处理设备或数据载体的损毁和侵害以及破坏、清除或者更改，应当作为与这一行为相等同的行为。①

如果刑事程序——正如实践中经常出现的情况——主要用于执行关于更改或删除数据的合法性的民事法律争议，那么，为了能够使受害方诉诸自诉途径，基本构成要件应当被归为《刑事诉讼法》第374条第1款中的自诉案件（Privatklagedelikt）。

第2款可以采纳现行《刑法》第303b条第2款中包含的对有特殊意义的数据处理装置的刑事量刑规则（规定为处5年以下有期徒刑），以将对于特别重要的数据处理装置进行攻击作为加重情况的形式来进行规定。这条可以——像盗窃和诈骗罪那样——也对基本犯罪的刑事处罚进行升格，并把在刑罚框架上的区分留给法官。

第3款应当以其它加重构成要件的形式对现行《刑法》第303b条第4款的情况进行规定（即造成大规模的财产损失、营利的或团伙性的实施、侵害联邦德国的供给服务），对此——不同于现在的措辞——造成大规模侵害不仅仅指大规模财产损失，而是

---

① 此外，也可以明确，行为对象限定在他人有使用权限的那些数据和信息系统上。这样的限定与欧洲理事会的《网络犯罪公约》和欧盟2010年的《指令提案》是相符的，根据这些规定刑事可罚性限定在导致严重的以及非轻微的损害的情形。

应当规定也包括比如说对人格权的严重危害。这条应当就——与 2010 年欧盟《指令提案》（以及相应的 2011 年的欧盟理事会决议）类似——（一些情况下潜在的）对大量信息系统的侵害的情形而进行补充。因为这些加重情形也包括网络恐怖主义和网络战的情况，并且使相应的特殊构成要件变得多余，那么，比现行《刑法》第 202c 条中的那些加重情形更高的、在《刑法》第 303b 条第 4 款中已规定为 3 个月至 10 年有期徒刑的刑事处罚，也是能够被正当化的，条件是也像诈骗罪构成要件那样允许对轻微情况的例外免责。所建议的第 3 款和第 4 款中的加重情形，应当——也像现行《刑法》第 202a 条中的加重情形那样——包括在《刑事诉讼法》第 100a 条以及同样援引此条的《刑事诉讼法》第 100g 条中。

（4）关于前阶段犯罪（特别是《刑法》第 202c 条、第 263a 条第 3 款、第 303a 条第 3 款和第 303b 条第 5 款）的建议

在《刑法》第 202c 条、第 263a 条第 3 款、第 303a 条第 3 款和第 303b 条第 5 款中包含的预备犯罪应当重新制定，并且在一个一般性条文中进行总结。这一条必须不仅考虑联邦宪法法院对《刑法》第 202c 条合宪的决定[①]，也要考虑从文献中形成的关于前阶段犯罪合法性的法律政策的基本原则。[②] 因此，构成要件应当另行制定其关于危害软件的条款（《刑法》第 202c 条第 1 款第

---

① BVerfGK 15, 491 ff.= *BVerfG* 2 BvR 2233/07 vom 18.5.2009.
② Dazu insbesondere *Duttge*, FS-Weber, 2004, S. 285ff.; *Puschke*, in: Hefendehl (Hg.), Grenzenlose Vorverlagerung des Strafrechts?, 2010, S. 9ff.; *Sieber*, NStZ 2009, 358ff.; *Wohlers*, Deliktstypen des Präventionsstrafrechts, 2000, 305ff.

第四部分 法律政策结论:改革需求与建议

2项),并可以扩展其关于安全密码的条款(《刑法》第202c条第1款第1项)。

① 计算机软件

对于现行《刑法》第202c条第1款第2项中的危害软件条款,构成要件不应当在概念上针对关于"犯罪软件"的犯罪化和定义,因为这种客观的限制放到任一危害软件的双重使用功能上看,都会导致不合理的结果。在软件开发和在安全顾问的实践中,出于测试目的而模拟攻击是必须的,这不能被犯罪化。因此,在相关前置化构成要件中,不能以历史上危害软件开发者的意图作为决定性依据,只能以前阶段行为人(Vorfeldtäter)自身的意图为依据。因此,前阶段刑事可罚性(Vorfeldstrafbarkeit)应当——在对于所有犯罪构成要件都适用的第1款中——规定为可罚的"计划犯罪"(Planungsdelikt)[或"预备犯罪"(Vorbereitungsdelikt)]①,对制造、为自己或他人而获取和提供计算机程序者进行刑事处罚,如果该程序能够促使实施《刑法》第202a条、第202b条、第263条、第263a条、第303a条和第303b条中规定的犯罪,且以该程序在实施这些犯罪中被使用作为意图(Absicht)。对此构成要件的正当化来说,行为人实施自己或他人犯罪的意图是决定性的基础,必须考虑前述的**所有犯罪**(即现行《刑法》第202a条、第202b条、第263a条、第303a条和第303b条),也将《刑法》第263条包括在内,在一个刑法条文中进行规定。

---

① Zur Typologie der Vorfelddelikte *Sieber*, NStZ 2009, 353 (357ff.).

对作为"预备犯罪"的此种前阶段构成要件的概念来说，到目前为止对《刑法》第 202c 条、第 263a 条第 3 款、第 303a 条第 3 款和第 303b 第 5 款中对于"计算机程序，其目的为实施某一此种犯罪"的限制，已经失去了意义。对行为对象的相应限制——当然要有其他的对于行为中使用意图（Verwendungsintention）之时间点的清晰化——是有意义的，仅当立法者——像在新的恐怖主义法典中的预备犯罪那样①——要将此处所建议的目的要素（Absichtsmerkmal）降为一个简单的故意要求（Vorsatzerfordernis）。

对文献中所建议的，并且结果上是正确的刑事免责理由来说，也是一样的。据此，如果该（犯罪）行为服务于科学、研究、教学或合法专业义务的履行，则不应适用条文。② 对于在 IT 安全部门中司空见惯、通过所谓"概念证明"（sog. Proofs-of-Concepts）而进行的安全漏洞演示，也可以在所建议的措辞下继续进行，因为对于那些第三者非法滥用其所公开的漏洞的情况来说，IT 安全研究者的**间接故意（dolus eventualis）**不再导致对其的刑事可罚性。

② 安全密码

若是不具有实施某一犯罪的意图基础，那么仅在这些行为特别危险和**排他性地（ausschließlich）**被用于刑事可罚的目的，或在对其的持有（比如对特定武器）违反了某项允许保留（Erlaubnis-

---

① Dazu *Sieber,* NStZ 2009, 353ff.
② *Brodowski/Freiling,* Cyberkriminalität, Computerstrafrecht und die digitale Schattenwirtschaft, 2011, S. 118.

vorbehalt）的禁止之时，对特定数据和物品的持有、制造和传播才是可犯罪化的。①

对无权限获得的密码和安全码来说，基本上存在此种排他的犯罪性的使用目的。然而对其持有和对其传播，根据现行《刑法》第202c条第1款第1项的规定，仅在对某一项犯罪的**预备**（即对以某种方式具体化的犯罪实施的故意）的情形下才被刑法所涵盖。因此，独立于——作为第2款或第2项——《刑法》第202c条第1款第1项所规定的情形（滥用密码或安全码），可以免除现行规定中——主要是联邦宪法法院对其的解释——所要求的意图（包括对实施犯罪的简单故意）。这主要是对于行为人传播和占有大量他人的密码和安全码的情形而言。但是，作为不同的解决方案，也可以考虑对于无权限占有一条安全码要求实施犯罪的（简单）故意，而对于无权限占有大量安全码不以加重犯的方式，而是规定以更高的刑事处罚。这样的话，这一构成要件就为个人数据身份提供了重要的前阶段保护，在许多情况下，个人数字身份是能够被借助无权限获取到的安全码和密码（作为使用访问数据的一部分）而遭受攻击的。这也与《不正当竞争法》（UWG）第17条第2款一起，规定了"数据窝藏"（Datenhehlerei）的重要情形。

此外，上面要求的对《刑法》第202c条、第263a条第3款、第303a条第3款和第303b条第5款在一个条文中的整体规定，克

---

① Vgl. *Puschke*, in: *Hefendehl*(Hg.), Grenzenlose Vorverlagerung des Strafrechts?, 2010, S. 33；*Sieber*, NStZ 2009, S. 359；*Wohlers*, Deliktstypen des Präventionsstrafrechts, 2000, S. 336.

服了现行《刑法》第 263a 条第 3 款的缺陷,其错误在于没有包括《刑法》第 202a 条中提到的"能够进行数据访问的密码和其他安全码"(《刑法》第 202a 条第 2 款)。与此同时,实践中要求,必须涵盖在磁性卡片上侧录(Skimming)安全码的行为,这一要求也变得可行了,本来这种行为因为缺乏对磁性卡片的访问安全措施而不该当《刑法》第 202a 条的构成要件。①

③ 加重和积极悔悟

前阶段构成要件也应当补充对于团伙和营利性的实施以及大规模交易的加重构成要件,以便对一些严重的实施方式能够进行《刑事诉讼法》第 100a 条规定的电信监控,以及《刑事诉讼法》第 100g 条规定的对特定往来数据的请求。

对第 1 款的两个构成要件和最后所提到的加重构成要件,应当结合《刑法》第 149 条第 2 款和第 3 款,增加一条关于积极悔悟的规定。这条规定能够成功利用黑客的专业知识来提高数据安全性,并可以采用一种"刑法上安全的"方式来保护漏洞。对于各种恶意软件的刑法免责的报告——正如《刑法》第 149 条第 2 款——不仅应能够报告给主管当局,而且还应报告给负责相应保护漏洞的信息技术产品的制造商。如果当局和制造商对于报告没能在适当的期限内以恰当的安全措施作出回应,公开警示和披露安全漏洞对刑事免责来说也应当是足够了。但是,对于无权限持有安全密码者来说,则需要提供进一步的说明帮助或者限制损害。

---

① *BGH* MMR 2010, 771(771f.); Vgl. dazu *Brodowskt/Freiling*, Cyberkriminalität, Computerstrafrecht und die digitale Schattenwirtschaft, 2011, S. 100f.

④ 其他对"工具"的前阶段犯罪

对前阶段保护这一教义学概念的此种重新设计，对于进一步的刑事和秩序违法犯罪的规定也是必要的，尤其是在著作权法和访问控制服务中，针对"复制保护破解"和解密软件以及其他领域——每种都以非常不同的形式——所提供的保护（可参见《刑法》第149条第1款、《道路交通法》第22条第1款第3项、《著作权》法第108b条第2款和《访问控制服务保护法》第4条）。

（5）关于未经授权披露委托数据的建议（新的构成要件）

网络法还应考虑到，数据——主要是在云计算中——总是更常见地被转移到权利人空间可支配范围之外的存储系统上，并且在那里要授权给其他人。但是，《刑法》第202a条的保护仅仅是针对**突破访问安全措施**而无权限获取受到安全保护的数据，也即针对外部行为者的行为。一个补充的构成要件应当清晰地将公司的内部人员或者职员也作为刑事可处罚的对象，如果他们对于其以特殊安全措施而得到授权的数据无权限地向其他人进行提供或者进行利用。① 这一构成要件可以不仅作为《刑法》第202a条的补充，为了保护宪法保障的信息技术系统的完整性而能够被正当化，还可以作为对职业性保密人约束（Berufsgeheimnisträger）的刑法保护扩张。因此，这一构成要件应当规定在《刑法》第203条（侵害隐私）和《刑法》第206条（侵害邮件和电信秘密）的范围内。

---

① Ähnlich *Brodowskt/Freiling*, Cyberkriminalität, Computerstrafrecht und die digitale Schattenwirtschaft, 2011, S. 100f.

2. 人格权保护和数据保护刑法

(1) 问题：执行不足和复杂的构成要件结构

在第三部分第（一）大点第2点中对于现行数据保护刑法的分析已经清楚表明，它是通过大量不同领域的特殊的刑法规定表现出来的，而这些规定间的关系又经常是不清晰的，并且在实践操作中的援引技术也往往是不确定的。此外，数据保护刑法——尽管有显著的不满——在实践中没有起到关键作用。对于在信息社会中人格权的意义和实践中大规模的侵害来说，这是不正确的。可能的改变应当通过两方面来实现，其一是通过完善传统刑法工具的可视化与执行，其二是通过现在欧盟所建议的行政处罚。

(2) 对于核心刑法规定的建议

对于严重的数据保护侵害的一个限缩的和尽可能清楚界定的领域，应当规定在《刑法》的核心领域中。特别是违反联邦和州的数据保护法以及违反特殊领域的数据保护规定且没有获得所涉及之人的声明，而将个人数据向第三人提供的非法传输行为，可以进行规定。① 这一构成要件可以规定为2年以下有期徒刑的刑事处罚，对于以营利或者具有造成损害的意图而进行的交易，应当规定3年以下有期徒刑的升格刑。以这样的法典化技术，就能以一种严格界定的方式描述出当前数据保护滥用的核心领域，其独立于不同的特殊领域的刑法规范。此外，对于缺乏声明的要求将产生限制性的作用，同时也会激励用户更好地了解其数据传输的

---

① 通过对第三人的相关规定，以合规的授权数据管理的方式传输数据可以从这一条的适用范围中予以排除。

第四部分 法律政策结论:改革需求与建议

情况。这种核心刑法的规范也会具有——也没有扩张现有的刑事可罚性——和谐化和集中各种数据保护刑法规定的作用,且同时也会具有提高数据保护(刑)法在刑法教育和公众意识中的作用。

(3) 对于行政处罚的建议

《欧盟数据保护通用规则》(EU-Datenschutz-Grundverordnung)① 中所包括的"行政处罚"被纳入考量,以作为进一步的制裁机制。欧洲反垄断制裁法(Kartellsanktionsrecht)的经验表明,正如美国证券交易委员会(SEC)的制裁机制一样,这种制裁可能具有高度的威慑价值(Abschreckungswert)。关于内部交易的新的经验认识表明,如果相关程序导致更高的制裁有效性,②即更高的发现风险和制裁风险,那么行政制裁会具有更大的特别威慑效果。但是,根据联邦宪法法院的见解,对行政处罚而言也必须适用无罪推定和其他刑法保障。③

欧盟的行政制裁机制在其国际的法律执行中也很有意思,其中,对欧盟外的特定数据处理者,要求其必须任命一名代表,从而对该名代表也能够加以制裁。当然,对此概念而言,也必须提供必要的教义学基础以及程序法上的保障。此外,对这些问题也应当考虑到第69届德国法学家大会的"网络中的人格权和数据保护——监管的要求和边界"小组的建议。目前,在没有对可能的程序法进行深入调查研究的情况下,只能说所建议的行政处罚具有作为解决方案的巨大潜力,应当仔细研究。

---

① 详见上面第三部分第一大点第2点的第(1)小点。
② Zum Begriff siehe *Kaiser*, Kriminologie, 10. Aufl. (1997), S. 41, 82.
③ BVerfG 9, 137 (144); 110, 1 (13f., 22f.).

3. 通过著作权（刑）法保护创作者

（1）问题：执行不足的各种解决模式

在第二部分第（一）大点第 4 点中的实证分析表明，对著作权侵害存在严重的执行不足。在第三部分中关于现行国内和国际的法律框架条件下的著作权法保护的介绍展示了 3 种——也能组合起来使用的——改善这一情况的可能途径：集中在对于非法内容的有组织提供者的刑事追诉上 [第（2）点]，引入英国和法国所使用的三振出局模式 [第（3）点] 和完善民事法律适用 [第（4）点]。

（2）关于将刑事追诉集中在可罚商业模式上的建议

在上面的第二部分第（一）大点第 4 点第（1）小点中所阐述的，共享和流媒体托管服务提供者和对他们提供支持的基础设施提供者，在个案中可以加强对于传统刑法的适用。因为对于许多共享和流媒体托管服务提供者和对其提供支持的服务提供者来说，存在将其商业模式在整体上主要用于为实施著作权侵害而提供服务的重大嫌疑。

在所提到的案例中，往往是既通过共享和流媒体托管服务提供者、盗版论坛的运营者、超链接提供者，也通过上传数据的用户，来实现共同的营利性的著作权犯罪：区分作为与不作为、共同正犯与参与犯和刑法保证人义务的一般基本原则，都可以作为对其刑事可罚性的理由。① 如果上述的参与者事实上知道其用户的违法行为，那么，欧盟商务指令

---

① Dazu *Sieber*, in: Hoeren/Sieber（Hg.），Handbuch Multimediarecht, 29. Ergänzungsliferung 2011, Teil 19.1.

(ECRL)第14条和《远程媒体法》第10条的免责条款与此并不矛盾。欧盟商务指令（ECRL）第14条和《远程媒体法》第10条的责任免除条款仅对数据存储是有利的，但是对在这一商业模式下的其他的——对著作权侵害提供支持的——行为却不是这样。在德国对于kino.to网站，以及在美国和新西兰对于megaupload.com网站的侦查程序也表明，此种刑事的进程是普遍可行的。

因此，在著作权领域，侦查机关的资源应该集中关注网络有组织的商业模式上。为此，一般来说必须放弃对个别用户进行全面覆盖式刑事追诉的徒劳努力，个别用户只会在小框架下进行著作权侵害。2005年6月和7月间，卡尔斯鲁厄检察院经历了一场"洪泛"，他们面临超过2万起由机器生成的针对非法下载一款计算机游戏而提出的刑事告诉，这表明，对此司法应对能力是不足的。① 对这些情形，比例性基本原则也反对针对下载用户的全面侦查程序。因此对这些情况必须另寻解决方案。

（3）关于三振出局模式的建议

对于进行下载的用户的处理，可以考虑英国和法国所适用的三振出局模式，其处于民法、刑法和私人的刑事诉讼的边界领域。这些程序的依据在于，著作权侵犯主要是在点对点网络中，权利人必须向访问提供商展示其发现的权利侵犯并提供IP号，然后服务商必须确定此IP地址的用户的身份。对于第一次确定的侵害，服务商或者一个协同机构对已知的侵害者提出告诫，并且将

---

① Vgl. http://heise.de/-128 315.

其加到一个"黑名单"上。对同一个 IP 下后续的违反，则进行更为严格的警告（Abmahnungen），对此也可以对侵害者进行额外的监控措施以及对其进行更为严重的处罚，而到了第三次违规，就可以对其限流（Drosselung）以及最终关闭该 IP 所有者的网络访问通路。

对于向德国建议的所谓两振出局模式来说，服务提供者应当对于第一次由权利人发现的违反行为，向该用户发送告诫（Verwarnung），并且将其加入"黑名单"中，而对第二次侵害——照常——则由权利持有者发出警告（Abmahnung）。① 但是针对此种模式，在这些解决方案的准确性、可控性、有效性、合宪性问题以及相关的刑事执法活动的广泛私有化方面，存在重大争议：

> 三振出局模式首先面临的是所有基于 IP 的执行方法的问题，这些问题在于难以检查 IP 分配的不确定性，在于将 IP 的用户等同为侵害方，以及在于对具有确定 IP 地址的情况的解决方案的限制。② 进一步产生的问题是关于——司法上不能控制的（或者可能易出差错的）——管理作为该体系基础的"黑名单"。这种模式的方法在其对用户行为的影响上也是不确定的。此外，考虑到其主管机构、程序、法律保障和对用

---

① Vgl. dazu den Vorschlag von *Schwartmann*, Vergleichende Studie über Modelle zur Versendung von Warnhinweisen durch Internet-Zugangsanbieter an Nutzer bei Urheberrechtsverletzungen, 2012, S. 336ff., online abrufbar unter http://bmwi.de/BMWi/Redaktion/PDF/Publikationen/Technologie-und-Innovation/warnhinweise-lang, property = pdf, bereich = sprache=de,rwb=true.pdf.

② 对此参见上面第二部分第二大点的第 2 点。

户信息自由的侵入，像法国所实施的，① 直至关闭网络访问通路的处罚，是有问题的。对于这些用户来说，阻断网络访问通路的方式切除了他们的——宪法保障的——人格发展的一个核心要素。

私人提供者还承担着进一步的接管针对其客户的警察职责的义务。在其他领域，私人行动者也具有类似的义务，尤其是银行在反洗钱犯罪和证券交易所在防止内部犯罪的方面。但是，关于此种途径是否也能推及轻微的著作权侵害的个案上以及特别是能推及民事程序上，这仍然是有疑问的。然而决定性的是，三振出局模式不仅是将事实调查，而是部分地也将处罚私人化了。考虑到当前互联网上的盗版传播，三振出局模式的这种巨大的成本消耗，也是值得质疑的。此处说明了——类似于上面提到的民事途径——通过其他方案［这里：混合的公——私制裁模式（öffentlich-privated-Sanktionsmodell）］来替代刑法所产生的巨大的结构性和教义学问题，尤其是考虑到必要的调查可能和司法控制方面。

(4) 关于民法法律实施的建议

《著作权法》第101条所规定的告知请求权以及相关的在商标和专利法中的诸多规定，将对大规模实施的著作权侵权的追诉，置于民法中的一个重要部分，也置于受害者的手中。然而根

---

① 关于法国的三振出局模式参见 *Schwartmann*, Vergleichende Studie über Modelle zur Versendung von Warnhinweisen durch Internet-Zugangsanbieter an Nutzer bei Urheberrechtsverletzungen, 2012, S. 85ff.; *Loiseau*, CRi 2009, 154。

据权利持有人的说法，这种民法的途径在网络中经常由于他们无法对网络服务提供商强制执行其告知请求权而失败，因为所需要的往来数据经常在建立了连接之后就直接被删掉了，或者对于追查来说所需要的数据根本就不属于告知请求权的部分。

对于那些——之前仍然是重点的——在点对点网络中侵犯版权的情况，尽管著作权所有者可以确定侵权者的IP地址，但是由于访问服务通常不存储与临时用户之间链接的IP地址，在许多情况下，用户无法获得有关链接所有者身份的信息。此外，在之前所实施的保留数据存储的时候，根据《电信法》第113a条和第113b条第1款，仅在为了犯罪追诉、为了公共安全进行针对重大危险的防护和为了情报部门的任务时，也允许对于那时尚且存在的往来数据而进行使用，但不能是为了民事的信息提供程序。①

与此相反，对于——现在占主导的——通过共享和流媒体主机而传播受著作权法所保护的信息，数据提供者的IP地址对权利人来说是无法知晓的，但是，为侵权者的非法产品提供存储空间和部分地为了以销售额为基础的佣金而对其产品提供下载服务的流媒体主机，② 在这里是拥有部分其他的身份确定数据（Identifizierungsdaten）的。但是，依据《著作权法》第101条的告知请求权，在实践中对于这种传播形式，往往会失败在第3款上，该款将所提供的信息限制在侵

---

① *Maaßen*, MMR 2009, 511.
② 对此参见上面第二部分第一大点第4点的第(1)小点。

权人的姓名和地址上。此外,《著作权法》第101条将告知请求权限制在商业规模的著作权侵权上,虽然法院对此做了很宽泛的解释,但是对被侵权人来说,没有服务提供者对IP地址的审阅或调查检索,仍然很难进行证实。在此之外的问题还有,主机服务器经常位于外国。因此,《著作权法》第101条的告知请求权对于网络中的著作权侵权经常是无法执行的。

这表明,由于网络犯罪的复杂领域,不能简单地以"民法之光"来替代刑法。如果承认上面所提出的知情权程序存在缺陷的假设已通过有科学保证的实证研究得到证实,并且应针对当前的缺陷而设计有成效的民法知情权程序,那么就必须采取进一步的改革措施,以改善民法上的告知。但是这些措施——考虑到讨论所涉及的民事利益和程序规定——不仅对比例性基本原则,而且也是对必要的控制措施来说,可能都会是有问题的。若是想完善对著作权的保护,那么——在参考替代商业模式的发展之外——除了将当前的民法法规"武装"为更有效的法律保护体系,不存在其他的替代方案。但是,这必须考虑比例性原则,保证有效的法律保护以及保持将其限制在民法任务的范围内;特别是,作为民法的规则模式,不允许施加像三振出局模式那样的严厉制裁。在这个范围内有三种可以考虑的可能:

第一种——问题较小的——改革建议的目标在于,扩张《著作权法》第101条的民法的告知请求权,从可能的侵权人的姓名和住址到更多的身份要素上。对权利侵害的——司法解释来进行宽泛处理的——商业性范围,也可以根据被侵权方的情况进行调整，扩张到"严重的"著作权侵权上，被侵权方可以是只发现了不断变换 IP 地址的侵权者的一个侵权行为。此外，知情权程序也应当给予知情权请求方，获得关于确认信息正确性的具结保证书（eidesstaatliche Versicherung）的可能性。

第二种，明显更为有效，但是也更有问题的措施，是在引入一种——也对刑事执行机构很有帮助的——对于将 IP 地址分配给其临时用户的那些数据的"小规模留存数据存储"。必须在有犯罪行为的嫌疑时，以某种规定好的程序，将这些数据交给权利人。这种解决方案的依据在于，事实上这里不仅仅是针对民法的侵权行为，也是针对刑事犯罪，民法相对于刑法来说具有功能相当性（funktionales Äquivalent），并且联邦宪法法院对于 IP 地址的"小规模保留数据存储"的要求相对较低。① 但是，这样的留存数据存储是——主要在宪法上——有问题的，因为这不是来自客观调查机构的信息请求，而是来自私人的请求，这些个人的行为仅仅受到非常有限的控制，并且过去有时会出现有问题的警告程序。② 在这样的背景下，联邦议会在引入《电信法》第 113 条时，拒绝了一项联邦参议院关于为民法的知情权请求提供相关留存数据的建议，也就可以理解了。③

---

① 对此更进一步的见上面第三部分第三大点第 1 点的第（2）小点。

② Vgl. zu Auskunftsverfahren gegen private Personen BVerfGE 125, 260 (340ff.) = BVerfG, 1 BvR 256/08 vom 2.3.2010, Rn. 254.

③ 联邦参议院的建议，BR-Drs. 275/07 (B), S. 16，被联邦议会拒绝了，理由是这样会涉及更进一步的干预（BT-Drs. 16/6979, S. 48）。对此参见 Hoeren, NJW 2008, 3099, 3100f.。

对这种"小规模留存数据存储"的替代方案和第三种改革可能，或许存在于快速冻结程序中。对此，服务商有义务，对权利人向其指出的可能的侵权人的具体IP地址，进行存储，直至收到依照《著作权法》第101条第9款作出的法院令（或者直至得到拒绝）。这种"依呼救"的数据存储在过去就已经存在于司法程序中了，但是主要因《著作权法》第101条中缺乏相应的存储要求而被取消了。① 若是民法的知情权要求继续被架空，那么与此相关的对《著作权法》第101条的扩张，可能会是针对在共享文件系统领域滥用的一种可能的有效解决途径。

(5) 对于替代性商业模式的建议

考虑到对于著作权侵害的追诉的诸多法律问题，最后应当再次提起在引言中的那个启示，即针对网络犯罪的有效措施往往存在于法律之外的措施当中。在瑞典，对合法流媒体服务的颇具成效的建设表明，通过经营受著作权保护的作品时的新商业模式，能够有效地限制著作权侵害。②

4. 非法内容（以儿童色情刑法为例）

(1) 问题

在第三部分第（一）大点第4点中对现行法的分析已经表明，形成于20世纪中的色情物品刑法经过许多补充，目前呈现为一个

---

① 杜塞尔多夫高等法院，MMR 2011，第546页；法兰克福高等法院，MMR 2010，第62页；其他观点（赞同存储义务）见汉堡高等法院，MMR 2010, 338。

② Vgl. http://www.ifpi.org/content/library/DMR2010.pdf, S. 9.

不清晰的、复杂的、以有体的行为对象为导向的且广泛向法益保护的前阶段进行了扩张的规则内容体系。这部分与网络领域的问题相关，立法者希望通过对现有法律的补充和广泛的前阶段犯罪化来解决。但是，从对所有内容犯罪都相关的有体的"文书概念"以及相关的持有概念的问题来看，这不仅仅是信息刑法的问题，而是传统的问题，在此不深入展开。因此，在这里对这一领域仅作简单论述。

（2）对于文书概念的建议（如《刑法》第 11 条第 3 款）

立法者的——在媒介融合时代是错误的——决定，即刑法分则中的文书概念和刑法总则中第 11 条第 3 款中的"数据载体"，是立足于有体化的行为对象上，而不是在数据或媒体上，这导致了极大的混乱。立法者也不能通过在《刑法》分则中进一步的补充（如在第 184d 条）来解决这个问题，因为不断增强的媒介融合越来越难以在各种媒介类型之间，特别是在实时基础上的流媒体和（缓）存的数据之间，进行清晰的界分。因此，刑法典中的色情物品刑法和所有其他的非法内容犯罪，都不应当再关联到那些主要是对有体对象所形成的文书概念和对文书的传播之上，而是应当——包括《刑法》第 184d 条中提到的表演（Darbietungen）——与一个一般的形式相联系，比如，对有色情内容的"媒体"或"媒体内容"的访问。①

---

① 更进一步的，但是由于完全拒绝对行为对象进行有体化而有问题的 2011 年 12 月 13 日欧洲议会和欧盟理事会《关于打击对儿童和儿童色情的性滥用和性剥削的 2011/92/EU 号指令》，该指令全面涵盖了儿童色情制品的获取、持有、销售、传播等。

(3) 对于其他的色情物品构成要件的建议

对于儿童色情的刑事可罚性,以处罚持有的方法已经向危害性的行为的前阶段大幅扩展。就这一点显而易见的是,新的司法实务认为网络中暂时地访问相关图片就已经满足持有的客观构成要件了。① 因此,对非有体的数据的"持有",应当——比如,通过某一时刻的观看浏览或数据存储——如此定义,即客观构成要件已经排除了那些非专门搜索色情内容的情形。因此,作为犯罪行为,要考虑的不是浏览儿童色情物品,而是仅包括对相关媒体的有一定持续时长的访问。

对于青少年色情的构成要件中持有的刑事可罚性也同样如此。在此,必须将——由欧盟促成的——刑事可罚性的广泛扩张限制于青少年的成长典型的行为方式,这种扩张是由于将保护年龄从14周岁提高到了18周岁。这是有问题的,举例来说,《刑法》第184c条第4款第2句对持有的刑事可罚性中,仅排除了这种青少年色情物品所涉及之人的行为,即"自己是18周岁以下,经他人同意而制作"。如果进行拍摄行为的同伴刚刚超过18周岁,而被拍摄者只是稍稍不满18周岁,那么,那种限制对此也应当适用。因为这也符合《刑法》第184c条不应当处罚的那种青少年典型的情况。② 对于涵盖"看起来像青少年"的情况和德国立法者在入罪化方面部分超出了欧盟规定,应当进行批判性的评估。③

---

① 参见上面第三部分第一大点第4点第(3)小点的第①项。
② Ähnlich Brodowsi/Freiling, Cyberkriminalität, Computerstrafrecht und die digitale Schattenwirtschaft, 2011, S. 91.
③ Näher dazu Kudlich, in: Bosch/Leible (Hg.), Jugendmedienschutz im Informationszeitalter, 2012, S. 86 (92ff.).

此外，对于一般色情物品的刑法规定，必须降低现存的规范复杂性。在核心刑法中，特别应当将《刑法》第184条中彼此重复的且不体系化排列的十种行为选择，集中在对内容的访问提供以及重要的危险行为（特别是禁止针对儿童进行无保护的邮购销售以及禁止针对儿童提供无保护的广告）上，并且以可理解的方式进行改写。对于儿童色情的内容可以——按照文献中的一项建议①——包括付费购买访问机会，但前提是此访问主要涉及儿童色情内容，而不涉及其他色情内容。

在附属刑法中，对于向前发展的媒介融合，应当随之进行相应的监管融合。对《青少年保护法》中规定的媒介载体（如光盘、DVD、印刷品）和《青少年保护国家合同》(JMStV)中所规范的远程媒体，针对同样的内容却进行了不同的规定，联邦制条件下的区分并不是能对此进行正当化的理由。②

因此，总的来说，对色情物品刑法的一场全面的改革是必要的，这必须围绕以法益为导向的概念而进行。此外，也应当对虚拟色情和所谓"看起来相像"（即对看起来是儿童的成年人的照片）的刑事可罚性与刑事可罚性边界进行检视和提出更加令人信服的论证。但是这份鉴定对网络刑法的领域就不再深入下去了。

---

① *Brodowski/Freiling,* Cyberkriminalität, Computerstrafrecht und die digitale Schattenwirtschaft, 2011, S. 89f.

② 2010年在北莱因—威斯特法伦州的州议会未能通过的第14次《广播国家合同修正》的改革方案应当继续被采用。对此见 Bayer. LT-Drs. 16/5283, S. 7. 关于未通过的《青少年媒体保护国家合同》修正中的规定：*Altenhain,* BPjM-aktuell, 4/2010, 5ff.; *Braml/Hopf,* ZUM 2010, 645ff.; *Weigand,* JMS-Report 4/2010, 2ff.。

二、刑事程序法

网络犯罪在刑事程序上的诸多问题主要在于计算机领域的侦查措施,除了增加个别措施,还需要更好地区分、设计和保障干预强度更高(eingriffsintensiver)的措施(下面的第1—9点)。此外,还有证据能力的诸多法证问题(第10点)和司法组织的诸多问题(第11点)。

1. 来源端电信监控(《刑事诉讼法》第100a条)

(1)问题

传统的数据传输过程中的电信监控,现在在许多情况下已经无法取得成效了,因为数据在这一阶段被加密了。因此,需要评估针对传输中的(来源端)数据而进行的秘密访问,只要它在发送或接收数据的数字终端中仍未加密即可。对于这种来源端电信监控(Quellen-TKÜ)所需要的对嫌疑人或其通信伙伴信息技术系统的秘密访问,与对于相关计算机系统的"黑客侵入"是一样的,但是却因为法律上必要的安全措施而复杂多了。

这种对他人计算机系统的秘密访问因为一般法律保留的基本原则——与当前的实践相反①——不能通过《刑事诉讼法》第100a条而进行正当化。② 其文本原文仅包括"进行电信监控和记

---

① Vgl. *Meyer-Großner,* StPO, 54. Aufl. (2011), §100a Rn. 7a m.w.N.

② Zusammenfassend *Sieber,* FAZ vom 3.11.2011, online abrufbar unter http://www.faz.net/-gq7-6utc4. Ebenso *Wolter,* in: SK-StPO, Bd. Ⅱ, 4. Aufl. (2010), §100a Rn. 27; *Stadler,* MMR 2012, 18ff.; *Brodowski,* JR 2011, 533. Dazu auch *Buermeyer/Bäcker,* HRSS 2009, 433ff.; *Bäcker/Meinecke,* StV 2011, 50ff.; *Kudlich,* StV 2011, 193(204f.); *Vogel/Brodowski,* StV 2009, 632ff.

录"的授权。该构成要件也不能正当化个案中作为"伴随干预"而实施的对计算机的秘密侵入，这种秘密侵入比所允许的电信监控的"主干预"的干预强度还大。

按照联邦宪法法院对于在线搜查的要求，现行《刑事诉讼法》第 100a 条也不可能被正当化。这一条文仅可以作为对《基本法》第 10 条第 1 款所保护的电信秘密（Fernmeldegeheimnis）所进行的限制性干预而得以正当化，条件是所允许的来源端电信监控仅仅用于对"正在进行的电信过程"进行监控，并且对此"通过技术预防和法律规定而进行保障"。① 但是《刑事诉讼法》第 100a 条完全缺乏相应的法律规定。

任何超出了获取正在进行的电信通信而对他人计算机系统的干预——通常是在线搜查所进行的——都涉及受到《基本法》第 2 条第 1 款保护的个人基本权利，这一基本权利在这里被塑形为保障信息系统完整性和可靠性的基本权利。② 因而，一项超出正在进行的电信通信，或者在技术和法律上没有对此超出进行排除的干预规范，必须符合联邦宪法法院在线搜查决定中的各种要求。③ 《刑事诉讼法》第 100a 条距此甚远。对当前实践中的来源端电信监控来说，亟须改革。④

---

① BVerfGE 120, 274 (303f.) = *BVerfG*, 1 BvR 370/07 vom 27.2.2008, Rn. 172; LG Landshut, MMR 2011, 690f. m. Anm. *Bär*, MMR 2011, 691ff. Siehe auch *Becker/Meinicke*, StV 2011, 50ff.; *Gercke/Brunst*, Praxishandbuch Internetstrafrecht, 2009, Rn. 884ff.; *Kutscha*, NJW 2008, 1042ff.; *Luch*, MMR 2011, 75ff.; *Roßnagel/Schnabel*, NJW 2008, 3434ff.

② BVerfGE 120, 274 (307 ff.) = *BVerfG* 1 BvR 370/07 vom 27.2.2008, Rn. 183ff.

③ BVerfGE 120, 274 (308ff.) = *BVerfG*, 1 BvR 370/07 vom 27.2.2008, Rn. 189ff.

④ Ebenso i. Erg. *Nack*, in: KK-StPO, 6. Aufl. (2008), §100a Rn. 27; *Klesczewski*, ZStW 123 (2011), 744; *Wolter*, in: SK-StPO, Bd. Ⅱ, 4. Aufl. (2010), §100a Rn. 30.

（2）对来源数据电信监控（《刑事诉讼法》第 100a 条）的建议

为了实施来源端电信监控而秘密侵入他人信息技术系统需要一个特别的规范，允许借助"小型"（也即限定于当前的通信数据）"在线搜查"（包括使用探知程序）而进行的来源数据收集，同时包括必要的"技术预防和法律规定"以将在线搜查限制在"正在进行的电信过程"。①

此外，关于此种来源端电信监控的规定，要求与在线搜查相似的技术保护措施。因为在被侵入的信息系统上存在与此相关的技术更改，所以这必须也特别要考虑所收集到数据的证据资格（Beweisqualität），也即在措施执行和对所使用软件的司法复查中提供记录报告义务（Protokollieferungspflichten）。还需要考虑对被渗入的计算机系统采取其他技术保护措施、设置一个有限的犯罪目录以及一个特别的附属条款，以排除那些以更轻微的干预强度的方式从电信服务商的现存接口获取通信数据的情形。

在法律规定之前，技术鉴定必须首先澄清，在被渗入的并因此而被远程控制的电子终端上，相关的通信数据与其他数据究竟是否和在多大范围内是可区别的，以及在控制下所执行的来源端电信监控中，在多大范围内能够在技术层面上确保，除了在正在运行的电信进程中（也即正在进行的基于 IP 的语音传输通信——VoIP-Kommunikation——或者刚刚发送的电子邮件）不进行任何

---

① BVerfGE 120, 274 (308 ff.) = *BVerfG*, 1 BvR 370/07 vom 27.2.2008. Rn. 189ff.

数据获取。① 要在这个基础上，立法者才能决定，是否必须完全排除获取——还需要进一步定义——非通信数据（Nicht-Kommunikationsdaten），或者以一种"中等程度的"在线搜查形式在有限范围内——也许少些超出"正在进行的电信进程"——向传输进程的初步阶段或结果阶段进行扩展。如果这种新设置的监控条款确保了较高的保护级别（类似于全面的在线搜查那种），那么，其对象和时间上的应用范围也不是必须与通信秘密的保护范围②或者与尚且正在进行中的通信数据变动完全一致。最重要的其实是——也是实践中可执行的——对监控措施的对象性限制（gegenständliche Beschränkung），这样来源端电信监控就不会变成对发送者和接受者电子终端的延伸监控。③

此外，对于划定来源端数据监控的界限来说，**电信领域的定义**也是至关重要的。就此而言主要是对这一问题的解释，即在多大范围内电子终端之间的数据交换还能够被归为受监控的电信通信，④ 这点尤其是涉及**云计算的特殊情形**。在云计算中嫌疑人的数据不再存储于其自己的处理器上，而是（经常仅仅）存储于服

---

① LG Landshut MMR 2011, 690f.m.Anm.; *Bär*, MMR 2011, 691ff. Siehe auch *Stadler*, MMR 2012, 18ff.
② 《基本法》第 10 条第 1 款的基本权利保护——如上所述——不包括在通信过程结束后在某个通信参与者控制范围内所存储的内容和那些可以采取自己的预防措施来防止秘密进行的数据访问的电信环境。
③ Vgl. auch *Wolter*, in: SK-StPO, Bd. Ⅱ, 4. Aufl. (2010), §100a Rn. 27.
④ 有关电信秘密相关适用范围的类似的、但是绝不等同于决定性的问题见 BVerfGE 115, 166 (183) = *BVerfG*, 2 BvR 2099/04 vom 2.3.2006, Rn. 71；电信秘密包括，是否、何时以及多久在何人或何种电信设备之间进行或者尝试进行电信往来。

务商的系统中。① 对这种由第三人进行的数据处理，立法者必须决定，这些数据交换是否应当包含在新设置的电信监控条款中，抑或是按照对自己数据的内部访问来处理。对此，对电信进程的一种形式性的看法，可以将其认定为是属于云用户和云服务商之间的远程通信（"通信方案"）。但是，采用的功能性的判断则会导致这样的结果，即在自己的云之间的数据交换将不能被关于来源端电信监控的新条款（以及目前也完全不能被《刑事诉讼法》第 100a 条）所涵盖，而仅可能被涵盖在"泛化的"在线搜查（eine große Online-Durchsuchung）之下。②

对"通信方案"来说，首先是采用了形式性的观点，即云用户和云服务商是两个不同的人，二者之间存在一种远程通信关系。存储空间的提供者和对存储空间的使用能够单纯被视为实践中长期以来的主机服务的一种发展，就如同电子邮件的使用或数据的存档也是通过第三人实现的。

但是，有一种功能性的看法认为，云计算不是在两个不同的人之间进行的对数据内容的通信。与（单纯的）通信过程不同，这里的数据内容对任何人来说都不能认定为是通知，而甚至是高度私密和日记性质的。因此，对功能性的看

---

① 这往往涉及——许多云服务商可以提供——对整体的数据传输和存储进行加密，这会将数据文件分布在不同国家的存储系统上，从而在个案中给侦查机关带来额外的问题。
② 关于在网络通信中《基本法》第 10 条保护范围的外延的讨论，迄今为止主要是关注于一个问题，即何时存在具体情况下的两个具体参与者之间的个人通信，以及何时——比如说在论坛中——存在保护范围不再涵盖的公开通信。参见 Durner, in: Maunz/Dürig, 63. Ergänzungslieferung 2011, Rn. 92ff.。

法而言，数据是存放或存储在硬盘上或是在云上，都没有什么重要差别，因为从行动者的视角来看数据都是在其排他的控制领域内。

对通信过程的功能性看法也符合对被传输数据的宪法性考虑以及其所涉及的范围：云提供商为云用户提供了虚拟的私人空间，以功能的视角来看可以类比于《基本法》第13条所保护的住宅（在相应限制下有按照刑事诉讼法进行搜查的可能）。这作为虚拟空间来说是个人的自由数字化发展的条件，为此不允许任何人——也包括云服务提供商——对内容进行访问。

获取云数据也将会得出明显比普通电信过程更详尽的人格侧写（Persönlichkeitsprofil）。在计算机与云存储同步的情况下，所有数据都可以被读取。因此在云计算那里，对通信和处理器同步的干预是比对那些在与别人的远程通信中干预强度要高出非常多的进程，因而也在功能性上已经接近了"泛化"在线搜查。因此，关于来源端电信监控的新设条款，尽管原则上也应当包括两个处理器之间的通信，但是不应当包括在个人和其自己的数据之间的通信，即便这些数据不是存储在自己的硬盘上，而是位于他人管理的云上。

这一特殊的实际问题表明，来源端电信监控的诸问题不能通过对电信的概念性解释，也完全不能通过对《刑事诉讼法》第100a条的解释，得以解决。而是必须在一个新设置的条款中对来源端电信监控与一般性的在线搜查做出界分。这样必然会导致——主要是对电信概念的限制解释——一个问题，即是否超出

第四部分　法律政策结论：改革需求与建议　　139

来源端电信监控外，在特定框架下，也应当将"泛化的"在线搜查设置为刑事程序的侦查措施。

2. 出于报应目的的在线搜查和在线监控

（1）问题

对电子终端的在线搜查和在线监控是特别严重干预性的措施，这不仅是由于其秘密性和可能的长期性，更是由于所供访问数据的巨大体量和敏感性。按照现行的刑事程序规定它们是不可能实现的，① 并且按照《联邦警察法》（BKA-Gesetz）和各州警察法的特殊规定，仅在严格的限制条件下为了预防将来严重的法益侵害，才是允许的。② 但是，就有关来源端电信监控的恰当性规定来说，目前显然还没有有说服力的理由而对出于单纯刑事追诉的报应目的的在线搜查和在线监控加以正当化。③ 若是在混合情形中——比如，对于有组织的犯罪团伙——既为了查明过去的犯罪也为了阻止将来的危险，可以考虑预防性的警察法干预措施。

如果在实践中，因为联邦警察局没有职权同时也缺乏州法律关于在线搜查的规定，现存的法律体系会出现漏洞，则可以在《刑事诉讼法》中增加一条具有报应目的的规定，要求在严格的控制条件之外还需要存在对重要法益的（重复）危险。由于对于

---

① BGHSt 51, 211ff.; Siehe auch BVerfGE 120, 274 = *BVerfG*, 1BvR 370/07 vom 27. 2.2008; *Jahn/Kudlich,* JR 2007, 57ff.

② 《联邦警察法》第20k条、《警察任务法（巴伐利亚州）》第34d条、《警察和秩序监管机构法（莱茵兰—法耳次州）》第31c条。

③ 持谨慎态度的也见 *Wolter,* in: SK-StPO, Bd. Ⅱ, 4. Aufl. (2010), Rn. 31。关于法政策的讨论也参见其具体说明，参见 *Meyer-Großner,* StPO, 54. Aufl. (2011), §100a Rn. 7b。

构成要件前提条件有双重限制、与（联邦统一的）司法控制系统的整合以及适用于整个德国的法律范围，这样的一条规定相对于不同的州警察法规会更具优势。但是，在警察法的州职权范围与德国报应和预防的规则制度之下，这一规定可能是难以执行的。当前的法律当然是认可（比如说对于待审拘留和安全措施来说）在报应性措施与预防性措施之间在教义学上的区分。

（2）对刑事程序中出于报应目的的在线搜查的建议

当前还没有对纯粹出于报应目的的在线搜查和在线监控的需求。但2011年"拜仁地区国家木马"丑闻的经验教训着实应当引起注意。① 因此在作出报应性的规定之前，也应当期待对预防性的在线搜查的经验总结以及对其在各州警察法中的进一步规范化。

3. 对电子邮件和其他电信数据的扣押

（1）问题

按传统方式，电子邮件在发送者的计算机上被创设，经过其网络访问通路提供商传输至接收者的邮件服务商并且在那里被访问。此外也有这种可能，即在对访问邮件服务商的服务器之后电子邮件直接被删除，之后仅仅位于接收者的服务器上，如早期因为有限的在线存储能力在POP3协议中的标准配置就是这种情况。与此相反，现在基本上广泛使用的 IMAP 协议在用户访问后，一般是将电子邮件同时也存储在邮件服务商的服务器上。用户当

---

① Vgl. *Biermann*, Zeit Online Vom 10.10.2011, abrufbar unter http://www.zeit.de/digital/datenschutz/2011-10/ccc.staatstrojaner-bayern Sowie *Sieber*, FAZ vom 3.11.2011, online abrufbar unter http://www.faz.net/-gq7-6utc4.

第四部分　法律政策结论：改革需求与建议

然在任何时候都能将邮件移动到本地文件夹中，以便释放服务器的存储空间。不同的是，在社交网络参与者和其他基于服务器的消息服务商之间的消息发送，发送者和接受者的数据仅存储在网络运营者处。这些数据在被访问时才暂时地显示在浏览器中，但是不会长期地存储在用户那里。

根据联邦宪法法院的实务见解，对传统的通过邮件服务商而进行的邮件发送来说，从数据发送直到存储在接收者的邮件服务商的服务器上，这整个过程都属于通信秘密。① 就存储在邮件服务商那里的电子邮件而言——没有时间限制——也是这样的，如果它们在被接受者访问后仍然继续存储在服务商处。② 根据实务见解，《基本法》第10条第1款重点基本权利保护仅包括通信过程结束后存储在通信参与者控制范围的数据，以及能采取防止秘密数据访问的自我保护措施的电信环境。③ 因此按照现在大概一致的观点，在邮件提供者处存储的电子邮件，仍然属于参与其中的邮件服务商之间正在进行中的传输，并受到通信秘密的保护。④ 但是，即便确定了可以进行相应的干预，也仍然没有说清楚对电子邮件可以进行何种形式的干预。

在电子邮件存储于服务商处的情况中，联邦宪法法院和刑法实务通过将关于扣押的规定也认定为是对通信秘密进行干预的基

---

① BVerfGE 124, 43 (56) = *BVerfG*, 2 BvR 902/06 vom 16.6.2009, Rn. 48. Siehe auch *Klein*, NJW 2009, 2996ff.

② BVerfGE 124, 43 (56) = *BVerfG*, 2 BvR 902/06 vom 16.6.2009, Rn. 48.

③ BVerfGE 115, 116 = *BVerfG*, 2 BvR 2099/04 vom 2.3.2006, Rn. 73ff.

④ *Klein*, NJW 2009, 2996, 2997; *Szebrowski*, K&R 2009, 563ff. Zum früheren Meinungsstand *Bär*, Handbuch EDV-Beweissicherung 2007, Rn. 104.

础，来弥补其对通信秘密的大幅扩张。① 为此联邦宪法法院认定，《刑事诉讼法》第 94 条作为干预规范是足够的。另外，联邦最高法院还考虑使用《刑事诉讼法》第 99 条，该条规定了对于邮政和电报的扣押。② 与此相对，一部分文献中认同，至少对于存储于服务商处的那些尚未被访问的邮件的公开扣押，《刑事诉讼法》第 100a 条可以作为适当的干预理由。③ 但是，对已被访问和尚未被访问的电子邮件之间的区分也可能是有问题的。④ 这一问题情形体现为在社交网络中的消息，因为在这里电子邮件仅仅是长期存储于平台服务商的服务器上，在用户的主机上顶多只是通过自动化的进程而被暂时缓存。

这一界分问题和实践后果，联邦宪法法院的实务见解在方法路径上是正确的。在邮件服务商处存在的简单、全面和深度的监控可能，则必须在限制条件和保护机制上深化和规范化在实务中所认定的方法路径。特别是要避免对邮件服务商以《刑事诉讼法》第 94 条和第 99 条为基础实施那种深度干预方式的扣押措施（比如，以长期秘密转移所有邮件的形式），这些措施由于与基本权利高度相关而必须在《刑事诉讼法》第 100a 条的范围内进行。因此，对于将来的规定来说，不允许以（与偶然

---

① *BVerfG*, 2 BvR 902/06 vom 16.6.2009, Rn. 55ff.; kritisch dazu *Klesczewski*, ZStW 123 (2011), 747ff.

② *BGH* NStZ 2009, 397 f.m.Anm. *Bär*, NStZ 2009, 398f.

③ *Kudlich*, GA 2011, 193(202f.)。关于《刑事诉讼法》第 100a 条适用的以前的意见，参见 *Bär*, Handbuch EDV-Beweissicherung 2007, Rn. 105。

④ Vgl. dazu auch *Nack,* in: KK-StPO, 6. Aufl. (2008), § 100a Rn. 22f.; *Wolter*, in: SK-StPO, Bd. II, 4. Aufl. (2010), § 100a Rn. 37ff.; *Meyer-Großner*, StPO, 54. Aufl. (2011), § 100a Rn. 6b.

第四部分　法律政策结论：改革需求与建议

的邮件接收者的使用方式相关的）存储地点作为决定因素，而是主要应该考虑措施的干预强度。① 此外，应该在法律文本中清楚表明《刑事诉讼法》第 100a 条和第 94 条、第 99 条之间的界分。

（2）关于对电子邮件和其他电信数据扣押的建议

① 立法者应当——也考虑到其他的各种界分情形——在《刑事诉讼法》第 94 条中明确，扣押的条文和对邮件服务商的邮政扣押仅仅允许对数据采取个别的和公开的保全措施，这些必须在执行后立即——不同于《刑事诉讼法》第 100a 条——无例外地告知有关个人。搜查的一个根本特征就是必须对有关个人公开采取措施，并且在——使秘密措施更加容易的——信息技术的领域构建与《刑事诉讼法》第 100a 条之间的明确界分。缺乏对此特征的法律规范化，曾经短暂地导致了不可接受的局面，即在德国通过《刑事诉讼法》第 102 条、第 105 条第 1 款、第 94 条、第 98 条和第 169 条第 1 款第 2 项的组合，以方法上和宪法上都不合理的方式而支持秘密在线搜查，直到联邦宪法法院放弃了这种法律设置。②

② 与此相对，仅允许按照其干预强度，根据《刑事诉讼法》第 100a 条（"派生"）对邮件服务商处的电子邮件和其他电信数

---

① 关于秘密侦查措施的干预强度参见 BVerfGE 120, 274 (336) = *BVerfG*, 1 BvR 370/07 vom 27.2.2008, Rn. 238; 以及关于干预期间的观点，参见 BVerfGE 124, 43 (62) = *BVerfG*, 2 BvR 902/06 vom 16.6.2009, Rn. 68。

② BGHSt 51, 211ff. Die Vorgaben von BVerfGE 120, 274 = *BVerfG*, 1 BvR 370/07 vom 27.2.2008, 这里面的内容由《联邦警察法》第 20k 条所转化。

据，进行**秘密**保全措施和长期监控。此措施是在正在进行的电信过程中，还是在邮件服务器上实施，都无关紧要。

③ 根据联邦宪法法院的观点，在接收者处理器上存储的电信数据不再落入通信秘密的范围内。因此，只能通过公开搜查和扣押来访问这些数据。然而，对这些"非电信数据"和"不再属于电信数据"的秘密保全措施，可能仅仅通过在线搜查或者在线监控才是可行的，但是在现行法律中允许仅出于预防目的的在线搜查或者在线监控。

④ 因此，立法者必须在已经提到的关于来源端电信监控的条文中澄清了上述问题，即到达接收者的数据在多长时间之内还可以被视为是秘密来源端电信监控的对象的"电信数据"。相应地，在发送者一端存在着这样的问题，即在发送者处理器上的草稿、键盘输入或者显示器内容，何时成为来源端电信监控的适格客体。迄今为止——正如那个最初令人惊讶的结果那样——正在传输的电信数据在处理器上针对秘密数据访问措施所受到的保护，比对一般数据的此种保护更差。

4. 搜查和扣押

（1）问题

实践中，迄今为止数据库的搜查和扣押问题已得到了妥当的解决。联邦宪法法院和联邦最高法院适用了为有体物而制定的诸条文，并且借助比例原则还能以更温和的形式来实现数据库的搜查与扣押，如保全和创建副本。①

---

① 参见本书第三部分第二大点第1第（2）小点的第②项。

第四部分　法律政策结论：改革需求与建议

仍待观察的是，在多大范围内可以用为有体对象而制定的条文来处理其他的数据领域中的搜查和扣押问题，或是需要进行法律扩展。根据2001年《网络犯罪公约》第19条第3款规定，搜查和保全无论如何应包括"下列职权，a) 扣押计算机系统或其部分或计算机数据载体，或者以类似方式进行保全；b) 制作并保留此计算机数据的副本；c) 保持相关存储计算机数据的完整性；d) 在获取该计算机数据的计算机系统中使该数据无法访问或将其删除"。

通过传统的侦查手段也很难处理——除了证人作证和提供证言义务（《刑事诉讼法》第48条及以下、第95条）[①]——熟悉情况的电子数据处理装置的工作人员，对于搜查和扣押的特殊形式的强制配合义务。但是，调查机构可以在技术专家或技术专家证人的帮助下查看计算机数据。[②] 借助比例原则，证人提供证言的义务就接近《网络犯罪公约》第19条第4款的规定，"明知计算机系统运行方式或其中所包含数据的保护措施者，有义务**以合理方式提供必要信息**"[③]。

关于访问远程的但是与所搜查系统相关的数据载体的问题，已通过《刑事诉讼法》第110条第3款得到法律上的解决。[④]《刑事诉讼法》第110条第3款允许扩张到空间上相分离的

[①] 对此见本书下面第5小点。
[②] 参见 Nack, in: KK-StPO, 6. Aufl. (2008), §110 Rn. 4；类似的参见 Gercke, MMR 2004, 801(805)，根据《刑事诉讼法》第95条来论证配合义务。
[③] 对此见 Gercke, MMR 2004, 801(805)。也见下面第5小点。
[④] Obenhaus, NJW 2010, 651, 652. Näher dazu Meyer-Großner, StPO, 54. Aufl. (2011), §100 Rn. 6ff.

存储媒介上,"只要是在能够从(德国)存储媒介上对之进行访问的范围内",而与此相对,上述《网络犯罪公约》中的规定仅仅实现了这种扩张,即机构"有理由认为……此数据可以从第一个系统上进行**合法访问或获取**"。这一额外的前提条件在制定《刑事诉讼法》第110条第3款时被否决了。① 但是这导致了一种危险,就是针对第三方数据的《刑事诉讼法》第110条第3款可能被用于针对第三方数据库而进行的**秘密**或公开的在线筛选。② 因此,立法或实务必须明确对此的限制标准。

(2)对于搜查和扣押的建议

实务已经——通过新制定的《刑事诉讼法》第110条第3款——将搜查和扣押的诸条文恰当地适用到了信息技术的领域上,并且将会不断继续进行这种适用。因此,在这一领域中不存在急迫的改革需求。但是必须以调整《刑事诉讼法》的方式来应对信息技术带来的诸多新挑战,通过针对非物质数据的证据使用和没收的一个不同概念,而对为有体和可视的对象所形成的扣押中的"取走概念"进行补充。为了对数据扣押制定出符合实际情况的条文,必须采用计算机法证学上的认知。

5. 一般的提交和信息告知义务(特别是"产品令")

(1)问题

从事实和法律的理由来看,对计算机系统的搜查和扣押往往

---

① BT-Drs. 16/6979, S. 45.
② 参见对于依据《刑事诉讼法》第110条第3款,特别是《刑事诉讼法》第98条第2款所采取的措施的公开(与对《刑事诉讼法》第33条第3款的法律关注)。对此也见 *Bär*, ZIS 2011,53(54):"在线搜索的希望之光"。

都是很困难的。① 因此可能在许多情形中，主要是当数据存储在没有参与的网络提供商或在第三方处之时，这些数据属于在证人保管下的数据，要获取这些所要调查的数据，要求提交是一个明显简单很多的方式。② 因此《网络犯罪公约》第18条对"某人持有或控制的计算机数据"的"提交命令"制定了一个特殊规定。

在德国法中，《刑事诉讼法》在第95条的信息告知义务中以一般规定的形式涵盖了这一义务。《刑事诉讼法》第95条要求，负有义务者"保管"待扣押的数据载体。对于其他存储的、计算机用户可以在线访问的数据，则缺乏——不同于根据《刑事诉讼法》第94条以及第110条第3款的扣押和保全的可能途径——一个清晰的规定。考虑到刑事程序中干预措施的法律保留，不能认同这样的做法，即对于《刑事诉讼法》第95条第1款中可能的对于**在某人保管中的对象的呈送和提交**，将对象扩展到尚且需要进行输出的数据上（这些数据位于空间上远程的，但某人可以进行访问的存储媒介上）。③

《刑事诉讼法》第95条也没有特定化某种数据呈送的形式（比如按照特定标准而准备数据）。对于侦查机关来说，这种选择权在面对大型数据库时可能——不同于呈交有体的对象——具有重要的实践意义。因为现行规定仅限于提交对象物（**产品令**），所以呈交义务可以是针对（有体的）有密码清单和授权码的数据载体。但是，如果访问授权码——正如基于安全理由所推

---

① Vgl. dazu *Wohlers*, in: SK-StPO, Bd. Ⅱ, 4. Aufl. (2010), §110 Rn. 9f.
② BVerfGK 1, 45 ff.=*BVerfG*, 2 BvR 369/01 vom 18.2.2003.
③ 参见本书本部分第7点的第(1)小点。

荐的那样——仅以加密形式呈交,德国法是没有规定解密义务[**解密令**(decryption order)]的,① 顶多就是可以基于证人义务强制个人提供访问授权码。②

在德国法中,没有规定侦查机关有权对所涉第三人颁发保密令(Geheimhaltungsanordnung),根据《刑事诉讼法》第95条的规定,也无权对所涉第三人呈交命令。所以,德国对于《网络犯罪公约》第18条第1款a项——以对侦查机关不利的方式——规定有所欠缺。

(2) 对于一般的提交和信息告知义务的建议

针对"某人保管对象"的一般性的提交义务,必须补充一项关于数据提交的特殊义务。这一义务必须——正如立法者对此试图通过《刑事诉讼法》第110条第3款对数据保全进行规定——也延伸到义务人合法控制的、空间上的远程存储媒介上。为了给侦查机关提供支持,但又要与通过数据对比进行的电脑搜查(Rasterfahndung)区别开来,这一数据特殊的提交义务应当进一步规定以特定方式进行数据准备的要求,以及所涉计算机系统的无嫌疑运营者的义务。对于无嫌疑者提交义务进行规定的情形,需要审查对措施进行保密的义务。

此外的一个问题是,此种**产品令**是否也应当针对数据的解密,以及因此应当扩大为**解密**令,这个问题必须在获取安全码的更大语境下来进行判断(对此也见第7点)。

---

① *Wohlters,* in: SK-StPO, Bd. Ⅱ, 4. Aufl. (2010), §110 Rn. 10.
② 对此进一步的见本书部分第6点和第7点。

6. 对于电信数据的特殊提交与信息告知义务

(1) 问题

对于侦查机关来说,在网络中对特定电信数据的快速访问具有重要意义。这主要是为了识别与追查攻击者。鉴于通信秘密的可适用性和对保留数据的特殊限制,对于这些数据的获取具有一些特殊之处。特别是需要区别基本数据(Bestandsdaten)和留存数据(Vorratsdaten)。此外,在《电信法》相关规定的语境下,存在对于特定终端和存储设备的安全码的特殊信息告知义务。

对于往来数据(Verkehrsdaten),《刑事诉讼法》第100g条包括一个特殊规定,是关于——也有可能是秘密进行的——《电信法》第96条第1款中的数据收集。这特别是指参与其中的连接线路或设备的号码或识别码、个人授权识别码、使用客户卡时的卡号以及移动连接线路中的本地基站数据。最初《刑事诉讼法》第100g条也包括参照《电信法》第113条的规定,服务商以留存数据存储的方式而强制存储的往来数据。但是基于这些数据的信息告知义务,其与《电信法》第113a条、第113b条关于留存数据存储的电信法律规定一起,被联邦宪法法院宣布违宪。①

在**基本数据**领域,情况更为复杂,因为对此立法者没有在《刑事诉讼法》中规定信息告知义务,而是以更为复杂的方式将此内容规定在《电信法》中:根据《电信法》第3条

---

① BVerfGE 125, 260 = *BVerfG*, 1 BvR 256/08 vom 2.3.2010. Siehe dazu auch *Blankenburg*, MMR 2010, 587ff.; *Schramm/Wegener*, MMR 2011, 9ff.

第 3 项,"基本数据"是"为了建立、内容安排、更改或者终止关于电信服务的合同关系而收集的参与方数据"。这包括用户或客户的姓名、住址、账户和通信线路号码。对这些基本数据的使用特别规定在《电信法》第 95 条。类似的——但是更广泛的——数据类型定义是在后面的《电信法》第 111 条中。该条规定强制性地要求商业电信服务提供商和商业性的公共邮件服务商必须存储特定的电信号码(固定电话号码、转接号码、移动终端号码、邮箱识别码)和通信线路连接方的个人数据。[①] 在这一定义的基础上,应有关部门要求,所有商业性电信服务提供商必须按照《电信法》第 113 条的**人工查询程序**,毫不延迟地向有关部门告知有关依照《电信法》第 95 条和第 11 条所收集的全部数据的信息,并且对此守口如瓶。此外,公共电信服务提供商必须按照《电信法》第 112 条框架下的**自动查询程序**,通过指定接口随时为联邦网络管理局的查询准备好这些数据,该机构通过这些访问可能途径以转达来自安全机关的信息告知请求。

此外,按照《刑事诉讼法》第 161 条第 1 款第 1 句和第 163 条第 1 款中的信息告知请求,《电信法》第 113 条第 1 款第 2 句中的商业性电信服务提供商还有义务"告知对于**终端或者在终端上或在网络中的存储设备进行访问保护的数据,特别是 PIN 和 PUK 码**"。根据《电信法》第 1 款第 3

---

① 这一义务的目标也特别针对预付卡客户,因为移动服务商并不需要为了履行合同对他们的数据进行存储。参见 *BVerfG*, 1 BvR 1299/05 vom 24.1.2012. Rn. 135; *Graf*, in: BeckOK-TKG §111 Rn. 4。

句,"仅在对此的相关法律规定允许的条件下,才可访问对于属于通信秘密的数据"。负有义务者对于提供信息告知的行为必须守口如瓶。

按照联邦宪法法院 2012 年 1 月 24 日的决议①,《电信法》第 112 条和第 113 条中规定的信息提供程序基本上是合宪的,特别是保障了比例性基本原则。当然,联邦宪法法院也提出了三点重要的限制:若这一条文仅仅被理解为是对于所请求数据提供访问的授权规范的一个开放条款(Öffnungsklausel),并且在其他规定中进行明确,电信服务商具体是对哪个机构负有数据传输的义务(迄今为止这在《电信法》第 113 条中是不够明确的),那么,根据《电信法》第 113 条的信息告知才是合宪的。② 进一步来说,按照决议,《电信法》第 113 条第 1 款第 1 句没有构建充分法律基础,以确定动态 IP 地址是归属于某一用户的基本数据的,并因而能确定其身份。因为从这个条文中无法得出结论,允许电信提供商为了确定用户身份而使用动态 IP 地址以及《电信法》第 96 条中的往来数据(但为了确定身份这是必不可少的)。③ 最后,《电信法》第 113 条第 1 款第 2 句被认定为是违宪的,因为这一条要求,对电信服务商关于访问安全码的信息告知请求只需要遵循一般的预防和报应性的授权规范(即《刑事诉讼法》第 161 条)即可,但是按照联邦宪法法院的意见,查询访问码必须始终

---

① *BVerfG*, 1 BvR 1299/05 vom 24.1.2012.
② *BVerfG*, 1 BvR 1299/05 vom 24.1.2012, Rn. 170f.
③ *BVerfG*, 1 BvR 1299/05 vom 24.1.2012, Rn. 172.

按照对其进行使用（即在线搜查）的要求而定。① 以下措施应当考虑到这些要求。

（2）对于电信数据信息告知的建议

立法者应当在《刑事诉讼法》中——在第100g条关于往来数据查询的规定后面——首先以一个全面的条文，对有关《电信法》第11条和第95条中广义基本数据的信息告知进行规范。对此必须注意，快速访问基本数据是对网络犯罪进行有效侦查的核心和不可或缺的前提，但不能通过特别深度干预的措施来获取对此的必要数据。因此，有权请求提供信息者必须——正如《刑事诉讼法》第161条规定的范围——是检察院及其侦查人员。

同样的授权基础和类似的原则应当适用于所有对于此种基本数据的获取，电信服务商都是必须借助《电信法》第96条中的往来数据才能确定这些基本数据，因为在这些情形中也存在侦查人员的时间问题。对于这些信息提供，要确定被调查者所参与的特定电信过程。尽管这里一般也不导致特别的深度干预。基于这个理由，对于《刑事诉讼法》第100g条中——借助往来数据进行确定的——基本数据，设置与《电信法》第113条同样严格的条件，就会是错误的。《网络犯罪公约》在第17条，特别是在第18条第1款b项，规定了服务提供商在有关当局请求时对于基本数据的全面的提供义务。此外，对这些特殊基本数据的访问应当通过《电信法》第112条的自动查询系统来实施，因为当攻击正在进行时，追查对信息系统的攻击只可能以这种方式来实现。这种

---

① *BVerfG*, 1 BvR 1299/05 vom 24.1.2012, Rn. 183ff.

第四部分 法律政策结论：改革需求与建议

要求对网络中的刑事执行来说是至关重要的，并且在促成网络刑法国际合作的各建议中应当得到采纳。

反之，获取访问码，如密码、PIN 码和 PUK 码，鉴于这些密码所保护的数据的高度敏感性，必须至少要遵照其本身的内容和形式上的前提条件，如所计划的对访问码进行使用的条件。但是，必须在对加密和受密码保护的数据以及受密码保护的数字终端设备的访问选项的——以及其他的——更大范围内，来评估此问题。

7. 访问有安全保护的计算机数据和终端设备（特别是披露义务和"解密令"）

（1）问题

对于访问加密的和受密码保护的数据以及对于电子终端设备的访问，也出现了特殊的——在传统的《刑事诉讼法》对于有体对象的条文中没有规定的——问题。如今的现代加密方法几乎无法被破解，或者只能通过技术手段花费大量时间和金钱去进行破解。同样的，数据以及对于电子终端设备的访问受密码保护，这对于侦查机关来说也是难以逾越的障碍。因此在刑事诉讼中存在这样的问题，即是否可以借助那些有相应访问码的人的帮助，来访问电子终端设备上加密的或者有访问保护的数据。这一迄今没有怎么提及的问题或许在将来——也在云计算中——会具有重要意义，主要是针对那些根据《刑事诉讼法》第 110 条第 3 款中的计算机系统搜查，要对与此空间上相分离的、受密码保护的和/或加密的存储媒介和数据而进行访问的情况，以及比如说搜查相关公司个体工作人员所掌握的相关访问码的情况。①

120　　自从 20 世纪 90 年代起，在**密钥托管和密钥恢复**（key escrow bzw. key recovery）②的关键词下所讨论的私有主体将所有解密密钥向国家部门处交存的义务（Hinterlegungspflicht），鉴于与此相关的自由限制和经济安全问题而未能实施，这是合理合法的。如今，对于相应的目标设定，有三个刑事程序上的方法可以考虑：①对数据载体或电子终端设备以及在其之上通过访问码进行存储的信息进行扣押；②作为证人义务而要求提供访问码和/或其存储地点；③进一步的关于提交经过解密的数据或者电子终端设备的义务，比如通过数据输出的方式（**解密令**）。

① 如果将**访问码以具象化的形式**固定在纸张或数据载体上，那么这个数据载体可以从保管者处被扣押，并且按照《刑事诉讼法》第 95 条明确的文字表述必须从其处被提交。侦查机关可以使用通过询问证人和/或扣押所获得的密码，来访问受密码保护的数据并且利用这些数据。但是，由于访问码出于安全考虑，要么几乎没有保存，要么就是有保护地进行保存，如果没有额外的信息而仅仅以搜查为理由，采取这种措施仅在个别情形中才能有效果。③

② 这会导致更进一步的问题，就是被告以外的人是否能够因其**证人义务**（Zeugenpflicht）而被强制**提供关于访问码或相应记录**

---

① Siehe *Obenhaus*, NJW 2010, 651, 652f.

② Vgl. zu den Begriffen *Hladjk/Kuner*, in: Hoeren/Sieber (Hg.), Handbuch Multimediarecht, 29. Ergänzungslierung 2011, Teil 17 Rn. 9ff.

③ 在实践中，用户的密码一般以哈希值存储在服务器上，对此没有可能读取出来真正的密码。对此参见 http://de.wikipedia.org/wiki/Hashfunktion#Kryptologie。

保管的信息。证人因其根据《刑事诉讼法》第 48 条第 1 款第 2 句和第 161a 条第 1 款中的陈述义务（Aussagepflicht），有义务如实提供关于自己知道的信息。对此研究文献并没有深入探求，仅指出，如果证人知道，则因此还必须提供访问码和指出可能的具象化载体的保管位置，如此一来，这些就可以扣押了。① 但是，这样的结果并非没有问题。因为这样获取访问码是对秘密空间（Geheimsphäre）和相关信息技术系统完整性的严重侵入，因为这还获得了对数据进行更广泛的扣押的可能性。迄今为止占据主流的对证人义务的广泛解释没有太大问题，然而根据联邦宪法法院在 2012 年 1 月 24 日关于《电信法》第 113 条第 1 款第 2 句所施加的提供访问码信息的决定，是值得怀疑的。② 联邦宪法法院在这个决定中，将提供访问码的义务与企图使用数据的法定条件联系起来。这在方法上是正确的，因为现代信息技术通过访问码就得到了"数据工具"，因此获取访问码比迫使提供其他信息的争议性要大得多了。在对获取这些强大的工具——如实体刑法中《刑法》第 202c 条所规定的——制定特殊规则之前，无论如何必须借助比例原则，比照企图使用数据和对此的要求来严格约束这些义务。

③《刑事诉讼法》第 95 条的提交义务是否也授权给了侦查机关，能够强制保管者或被告以外的其他人提供明码文本的数据。③ 但是，这种——本来根据《刑事诉讼法》第 95 条仅针对被告以外的数据保管者才是可能的——措施，按照《刑事诉讼法》

---

① Vgl. *Bär*, Handbuch EDV-Beweissicherung, 2007, Rn. 488.
② *BVerfG*, 1 BvR 1299/05 vom 24.1.2012, Rn. 185.
③ 对于商业经营者的特别情况参见 *Meyer-Großner*, StPO, 54. Aufl. (2011), §95 Rn. 8。

第 95 条的文本,应当予以否定。该条是针对已经在保管中的动产的提交,而不是为了后续提交而针对其"产品"的。因此仅能通过法律修改才能实现这样一种义务。这种义务当前存在的缺陷在实践中可能会导致诸多问题,因为并非所有调查机构都熟悉多种不同的计算机系统,因而无法轻松找到他们要查找的文件。因此,建议明确规定非被告人在技术可行和可期待的范围内提交未加密数据的义务。侦查机关在**产品令和解密令**的基础上采取措施,不仅能够比刑事检察官进行调查的尝试方案更为有效;对一般的数据保管者来说,相对于披露访问码这种允许对整个数据库进行难以控制的访问的措施,清晰定义的提交义务也是更加轻微的干预措施。由于不得强迫自证其罪原则,所有这些义务只能针对证人,而不能针对被告人。

(2) 对于访问加密的、有安全保护的数据和终端设备的建议

《刑事诉讼法》第 95 条应当——通过《刑事诉讼法》第 98 条确定的法律保留——扩张对于受访问安全保护的数据的提交义务,如果义务人对此数据能够进行合法访问。此外应该明确,这一义务不适用于被告人以及有权拒绝作证和拒绝提供证据的人。

沿着联邦宪法法院关于《电信法》第 113 条第 1 款第 2 句的决定,应当进一步规定,只能在满足特定的预期使用数据的要求时才能够要求提供有关访问码的信息。原则上相应的提供信息请求应当保留给法官进行判断。此外,实质的条件必须是,其他方式(包括请求提交所需要的数据)都无法满足调查目的。尤其是这必须适用于此种情况,就是证人并非偶然地获得访问码,而是——比如说作为职员——通过披露访问码就会侵害自己或他人

的保密范围。

这两个规则应当在一个条文中加以规定,这一条文也应当包括对访问数据的扣押和对比例原则的具体化。这些也可以涉及与三种干预措施的关系。

8. 为了保全数据的紧急程序(特别是快速冻结程序)

(1)问题

电子数据随时都有可能——比如为了节省存储空间、出于数据保护的原因或由于数据与证据有关——被删除,或者被转移到其他计算机系统及存储媒介上。因此,侦查机关对数据的快速访问就具有重大意义。

《网络犯罪公约》第16条在"对计算机存储数据的加速保存"下规定了两步程序,刑事追诉机关可以要求计算机用户承担保存义务,在保证特定数据(包括往来数据)的完整性的前提下进行保存,直至在法院程序中就其提交义务作出决定。这种措施自然是仅限于在手可用的数据,而不能替代对往来数据的常规留存数据存储。它可以补充或缩短——自愿或法律规定的——往来数据存储。

德国自2011年起主要针对远程通信和远程媒体服务商的往来数据而讨论了这种所谓快速冻结程序。《网络犯罪公约》第16条规定了这种程序,但是是以一般规定的形式针对所有数据种类而作出的规定,因此还包括了除通信领域外的数据。此种扩张是有意义的,因为针对所有数据都可能发生丢失或被操纵,而快速冻结程序可以快速并且以温和且经济的方式阻止这些,不需要扣押或者提交指令。因为在第一阶段中快速冻结程序的保全功能还不会自动导致对数据的提交，在紧急程序中也可以将第一部分的数据保全行为大量授权给警察部门。

此种保全措施在德国法中没有以清晰的形式进行规定。因此，《网络犯罪公约》中的保全措施规定只能是以一般的方式结合《刑事诉讼法》第 94 条的扣押条款、第 95 条的提交命令和第 100g 条的收集往来数据的规定，并结合个别的迟延危险规定（Gefahr-im-Verzug-Regelung）①，而有限地得以履行。② 根据 2005 年联邦宪法法院针对《刑事诉讼法》第 94 条扣押条款关于数据载体的可适用性所作出的决定③，如果也同样能够达成侦查目的，对证据性数据的保全则**必须**通过其他的、对当事人负担更小的方式来进行。此外在适当情形中应考虑，将数据复制到侦查机关自己的数据载体上，从而让当事人能够继续使用"他"的数据。④

但是，考虑到对干预措施的法律保留，这种设计是可指摘的。在德国法中的辅助设计，很难强制进行数据保全。⑤ 因为现存的法律工具针对的是终局性地向侦查机关提交数据，原则上属于法官保留事项，而法官保留就会造成延迟。不仅如此，针对《刑事诉讼法》第 161 条和 163 条的个别代表性文献的观点也不能支持全面的

---

① 《刑事诉讼法》第 98 条，以及第 100g 条第 1 款与第 2 款第 1 句，和《刑事诉讼法》第 100b 条第 1 款第 2 句。
② 对于基本数据有必要的话参考《电信法》第 113 条第 1 款。
③ BVerfGE 113, 29 (49ff.) = *BVerfG*, 2 BvR 1027/02 vom 12.4.2005, Rn. 109.
④ 这一思路也见《网络犯罪公约》解释性报告，第 135 点，第 159 点。
⑤ *Kemper*, NStZ 2005, 538(541, 542).

保全规定。① 因此,《网络犯罪公约》第 16 条第 2 款意义上的快速冻结规定的可能性,在德国法中至此为止仍然是不存在的。

立法者认为,在增设《电信法》第 113a 条关于无理由的留存数据存储之外,对于往来数据的此种规定,暂时还不是必要的。② 因为联邦宪法法院在 2010 年 3 月 2 日的判决中③阐明,留存数据存储是违宪的,且《电信法》第 113a 条、第 113b 条是无效的,所以联邦司法部在 2011 年才又提出快速冻结程序,以此作为留存数据存储这一新概念的替代。④

(2) 对于快速冻结程序的建议

立法者应当按照《网络犯罪公约》第 16 条的规定,关于对数据的保全设置一般性的(即不仅限于往来数据)两级紧急程序,首先在"保全级别"上只是"进行冻结",其次在"提交级别"上根据法律规定将数据提交给侦查机构。鉴于计算机存储的数据有发生迅速改变的危险,这一程序仅在检察机关也能发出保全程序——在有迟延的危险时——的命令时,才有意义。⑤

就程序设计而言,首先具有重要意义的是命令的对象范围、时空范围与空间范围。就现在的存储能力而言,无须巨大的花费

---

① 同样的参见 Bär, ZIS 2011, 53(58),但是没有理由。
② BT-Drs. 16/5846, S. 27.
③ BVerfGE 125, 260＝BVerfG, 1 BvR 256/08 vom 2.3.2010.
④ 见 2011 年 1 月 17 日联邦司法部标准文件,访问地址:http://www.bmj.de/SharedDocs/Downloads/DE/pdfs/Eckpunktepapier_zur_Sicherung_vorhandener_Verkehrsdaten_und_Gewaehrleistung_von_Bestandsdatenauskuenften_im_Internet.pdf;jsessionid=037F36A2E48457701A67D89D486FBD44.1_cid093?_blob=publicationFile。
⑤ Dazu auch Gercke, MMR 2004, 802f.

和努力就能存储巨额的数据量。因此，不把快速冻结程序限制在特定的数据上也是可能的，比如，发生严重的暴力行为以后，冻结大范围蜂窝网中的所有服务商的往来数据。通过法律和通过下达命令的法官来将这一条文限制在特定数据上，对于保证比例性原则具有重要意义。这主要是为了防止以下这种情况，即没有规定对往来数据的留存数据存储，而通过全面的快速冻结措施则也实现了同样的效果。

9. 网络秘密侦查

计算机网络的匿名性不仅有利于犯罪，也可以被侦查机关用来实施秘密侦查。已经在实践中所采取的各种各样的措施除了简单的"网络警察巡查"和使用可自由获取的信息与服务，还包括警察机构在社交网络中的秘密协作和对个别人有目的的探查。对那些授权基础所提出的要求，必须注意到联邦宪法法院在其在线搜查的决定中所建立起来的三级干预模式（dreistufige Eingriffsmodell），这一模式是以那些基本权利干预（Grundrechtseingriff）的强度为导向的。

第一级涉及侦查人员对于在网络中可自由获得的信息的使用。[1] 因为缺乏与基本权利的相关性，这些措施并不要求特别的授权基础，[2] 并且按照刑事诉讼规则在存在初始嫌疑（Anfangsverdacht）之时就可以实施。第二级涉及一些措施，通过这些措施侦查人员会利用当事人对通信参与方的身份和动机的信赖保护，来

---

[1] BVerfGE 120, 274 (340f.) = BVerfG 1 BvR 370/07 vom 27.2.2008, Rn. 290.
[2] BVerfGE 120, 274 (340f.) = BVerfG 1 BvR 370/07 vom 27.2.2008, Rn. 290.

获取不这样做就无法获得的个人数据。① 这些措施与侵犯信息自决权相关，涵盖在《刑事诉讼法》第163条的侦查一般条款（Ermittlungsgeneralklausel）之下。第三级所涉及的措施，是——与《刑事诉讼法》第110a条第2款第1句中秘密侦查者的定义相对应——警察机构人员以其借用的、长期创建的、经过改变后的身份，通过参与网络中的通信（比如在社交网络中）来进行侦查。这些措施关系到对当事人人格权的强度干预，因此需要特别的授权基础（比如说《刑事诉讼法》第110a条）。

各个等级之间的过渡是灵活变动的。因此，在个案中进行区分的困难主要在于，由于匿名性，在网络中，是否和何时能够形成对通信参与方的信赖保护，是不清晰的。如果只能在网络运营商那里进行登记后才能加入一个社交网络（网络运营商通常会收集个人数据），则接受此种信赖本身就是有问题的。

在当前，因为上述归类困难，在网络中构建秘密侦查的授权基础是不可能的。一个以联邦宪法法院的预先规定为导向的、根据干预强度来进行分级的法律规定（且该法律规定应当考虑到网络的特殊性而对相关措施进行了正当化和限制），是以构建和研究网络中的信任规则为前提的。在此之前，实务应当基于现有授权基础，在宪法预定规则的要求下，明确网络中秘密侦查权限的前提和限制。

此外，法律保留的基本原则会使特定的侦查措施在整体上就是不可接受的。调查人员秘密使用他人的真实身份在其社会环境

---

① Dazu auch *Gercke*, MMR 2004, 802f.

中与第三方联系（所谓**秘密身份接管**），就是这种情况。通过占用他人真实身份而实现的对人格权的侵入和由于进入一个已经存在的信任关系中而进一步提高的欺骗内涵，相比于法定的秘密侦查的模板，这里的干预强度已经显著升高了。因此这些措施不能被《刑事诉讼法》第110a条所涵盖。

10. 证据使用

127　　计算机数据的证据价值在德国刑法的领域中基本上遵循自由心证原则（Prinzip der freien Beweiswürdigung）。由于法官不得违反科学实证原则、逻辑规定等，侦查机关和司法机关应当与负责的法证专家进行更密切的合作。

考虑到数字证据获取和证据使用的可能性与局限性，应当由相关专家的职业协会针对**最佳实践**（best practice）制定出一般性推荐和建议。重要的基本原则应当由司法部门在《刑事和行政处罚程序的指令》中总结。①

11. 组织性措施

为了对网络犯罪追查，侦查机关和司法部门需要专业知识。这一方面要求有一般性的和**各类广泛的知识**；另一方面**专业部门中的专家**是不可或缺的。比如说，为了执行其检验程序，司法机构必须能够与适格的专家一起，验证在侦查机关处司法鉴定的计算机程序。2011年10月计算机混沌俱乐部（Computer Chaos Club）发现所谓国家木马的事件表明，因为没有源代码，警察机

---

① 对于证据获取进行这种方式的明确的例子，可以参考该指令第18项和第19项下的儿童和青少年质证和讯问规则。

构都不能监控自己的木马程序。所以由司法机关来对所使用的程序进行监控就更是几乎不可能的了。这个案件清楚表明，对侦查机构来说信息技术的要求提高了。① 因此，必须继续推进信息和通信技术领域的培训，以及上述第三部分中提到的特别部门的设立，尤其是在侦查机构中。检察院和司法机关——特别是专门处理经济犯罪的检察院和经济犯罪庭——应当加强配备特殊的专业人才。

在相关机构的改进之外，不同中心办公室之间的联网和国内与国外机构之间的合作，也具有重要意义。此外，迄今为止各自为政的各办公室也必须建立彼此之间的联系，应加强与计算机法证专家的合作。在这种情况下，还可以讨论和进一步制定上面所建议的关于保持证据可用性技术标准的行为准则。《刑事和行政处罚程序的指令》（RiStBV）第 223 项及以下部分中所包含的关于"打击暴力展示、色情和其他危害青少年的文书"的中心办公室的小节，应当进行扩展，延伸到其他犯罪领域。关键还在于，要为执法当局提供必要的财政手段，以雇用合格人员和采购必要的技术设备。

三、危险防范法和危险预防法

报应、预防和危险防范的关联对现代刑事政策至关重要。因

---

① Vgl. dazu die Forderungen von *Sieber*, FAZ vom 3.11.2011, online abrufbar unter http://www.faz.net/-gq7-6utc4.

此，互联网犯罪的概念还必须包括有关风险预防和预防性警察法的规定。正如在第一部分的导言中所阐述的，在这里只能以两个领域为例来介绍这些措施，这两个领域与刑事执行密切相关，对刑事政策具有特殊意义并且提出来政治上有争议的问题。这一方面是关于对电信往来数据无理由的留存数据存储；另一方面是关于对非法内容网络连接的阻断。

1. 留存数据存储

（1）一般问题

在德国，无理由的留存数据存储在上面①详细阐述往来数据那里展开了特别讨论。但是，在法政策视角下，这必须在包括大量其他个人数据的更大语境下进行判定，借助信息和通信技术（包括图像处理技术），这些个人数据能够被轻易地收集、存储和处理。这些数据涵盖了最大范围的包括人的各种行为方式：②

> 借助电子通信技术，公民的通信行为不仅可以被电信整体的往来数据和内容数据全面地记录在案。此外还有个人位置的定位，以及借助移动电子设备（如智能手机或平板）、交通导航系统、自动车牌识别和机场与边境机器可读身份证件认证的数据，所绘制的公民运动轨迹图像。在可预见的未来，现代图像识别软件可以将公共监控摄像头的结果添加到该位置数据中，并可以与私人安保服务的视频记录相结合。

---

① 参见本书第三部分第三大点第1点的第（2）小点。
② 对此参见以图表形式整理的6个月期间内的个人留存数据，这些数据是来自网络中公开可得的社交网络的信息，访问地址 http://www.zeit.de/datenschutz/male-spitz-vorratsdaten。

第四部分　法律政策结论：改革需求与建议

信用卡公司的计算机系统不仅为其客户提供额外的位置数据，而且像银行的计算机系统一样，通过反洗钱措施和自动账户主数据查询而向侦查机关提供大量的金融交易转账数据。① 雇主的数据也记录在其运营中。新引入的健康卡要求对医疗数据进行优化结构的电子化记录。② 采用射频识别技术的客户卡和货物能够记录和存储客户的购物活动，还能够重新识别客户，只要射频识别单元没有失效。

此外，互联网中的社交网络记录着关于网络使用、社交行为、朋友、内部设置和个人生平的大量其他数据。因此社交网络的用户将自己置于——远超过留存数据存储的——社交网络运营者的长期监控之下，他们根本无从知晓，从自己那里获取的数据将被作何使用。网络搜索引擎通过关于其用户兴趣的资料进一步补充强化了这种现象。部分搜索引擎运营者也组建社交网络，使两种功能相得益彰，并利用由此产生的协同效应。有大额广告预算进行推动的个性化广告投放，能够通过浏览器中存储的缓存（Cookies）和其他技术，使网络中的大量匿名数据去匿名化，并且与精确的个人画像关联起来。③

许多这种数据都可以为犯罪侦破提供巨大帮助。这主要适用于各国的安全机关，其在有支配权的服务商的住所地通

---

① 对此参见《德国银行法》（KWG）第 24c 条中相关的干预理由。
② Vgl. Borchers, Die Einführung der elektronischen Gesundheitskarte in das deutsche Gesundheitswesen, 2008, S. 112ff.
③ 关于这种复杂性也参见本书第二部分第一大点的第 3 点。

过提交要求和扣押而获得这些数据。私人的数据收集对安全机关来说会特别有帮助,如果其所有者有义务进行长期的留存数据存储——像是在反洗钱或者危险品监管中——和对数据提供访问(Zuganglichmachung)、进行准备(Aufbereitung)以及积极传输(aktiven Übermittlung)。

私人存储的数据总量和留存数据存储的可能对象清楚表明,若是应当阻止对公民的整体监控,国家规定的无理由的个人数据存储就只是在个别和特殊领域中才是被允许的。① 否则就会产生全面监控的危险。而出于对控制的恐惧,自由空间就会形同虚设,② 尤其是无法预见被收集的数据之后将用于何种目的、何种情境。③ 此外,还有非法访问数据的危险,尤其是对经济具有重要价值,但也可以被用于进行勒索和身份盗窃的数据。④

因此,对于涵盖了合法的留存数据存储的全面数据集合来说,仅是其无理由的防范性存储对刑事执行机构来说是有益的,这还尚不充分。国家规定的留存数据存储不仅在其所有国家收集数据的总量上,还在每一个个别领域中,必须被正当化。这些正当化是从公民的个人权利和(留存)数据存储所期待获得的公共安全收益之间的利益权衡(Güterabwägung)而得出的。此

---

① Vgl. BVerfGE 125, 260 (325)=*BVerfG*, 1 BvR 256/08 vom 2.3.2010, Rn. 220ff.
② Vgl. BVerfGE 125, 260 (319f., 331f.)=*BVerfG*, 1 BvR 256/08 vom 2.3.2010, Rn. 212,223.
③ Vgl. BVerfGE 125, 260 (345)=*BVerfG*, 1 BvR 256/08 vom 2.3.2010, Rn. 266.
④ 对此参见本书第二部分第一大点第2点的第(1)小点和第二部分第一大点第3点的第(1)小点。

外，这种权衡主要通过宪法的比例性原则来得到明确。①

（2）区分目标设定和干预领域

如果将这种权衡应用于联邦宪法法院所废除的对电信往来数据的留存存储，则为了将相关危险体系化，必须区分迄今在实践中的以及当下又重新被讨论的电信网络数据存储的三种目标设定：

——第一个目标设定意在以往来数据**记录大部分电信连接**，比如参与方（通过存储那些 IP 地址、电子邮件识别等）和那些通信时间点，必要的话还包括所使用的服务商。② 通信监控的目标设定要求，对几乎所有居住在德国的人，高强度且长期地记录，关于电信系统与参与者和关于核心电信领域详细情况。因此可以对公民对通信行为做出直观的评估和示意图。

——第二个目标设定还涉及对于——也并没有积极进行通信活动的——保持开机的移动终端和其他终端所有者的**定位**。这一目标设定意味着，在对于参与电气通信的系统以及通常也包括对其使用者的大量单独的位置确定之外，对所有公民的全方位的运动轨迹画像，所有公民都能够通过保持开机的移动终端被联系到，且大多数情况下也都能被识别出来。因此，联邦宪法法院正确地将这种形式的留存数据存储视为是以迄今未见过的离散幅度（Streubreite）所进行的特别严重的干预，涵盖了大量没有嫌疑的公民，而根本就没有与可归责和可谴责的行为之间的关联性，并

---

① Vgl. BVerfGE 125, 260 = *BVerfG*, 1 BvR 256/08 2.3.2010.
② 但是，留存数据存储基本上只限于电话服务商、电子邮件服务商、访问服务提供商（等同于 Access-Provider）以及缓存和匿名化服务提供商。参见被认定为无效的《电信法》第 113a 条的第 2—4 款和第 6 款。

且会使公民遭受到进一步被侦查的危险：某人在特定时间点位于一个蜂窝小区（Funkzelle）中，或者被特定的人呼叫，都可能轻易导致进一步侦查的进行，而他却要承受着作出解释的压力。①

——所讨论的留存数据存储的第三个目标设定在于，将在特定时间点**计算机系统所使用的 IP 地址**归于线路所有者，按照推测，其可能曾经或当前参与了犯罪活动。与上述两个目标设定相比，在通过 IP 定义通信过程的语境中获取个人（基本）数据的第三个目标设定明显对公民个人权利的危险更低，并且仅涉及解析给定的 IP 号。

（3）危险权衡

迄今为止留存数据存储的危险潜能（Risikopotential）在上述三个方面已经有所降低进，这是通过以下这些措施而实现的，包括由法律规定在多家服务商处的去中心数据存储、由此而导致的数据存储区分、进行透明管理的数据调取、国家的非直接数据访问以及联邦宪法法院对有效数据保全的要求②与将咨询义务限于严重犯罪案件的限制。③ 在第一目标和第二目标的设定中，对大规模人群的监控的范围与强度都很大。在 2011 年，德国至少有 73.3% 的人口会偶尔使用互联网，④ 共有 87% 的公民至少拥有

---

① Vgl. BVerfGE 125, 260 (318f.)=*BVerfG*, 1 BvR 256/08 vom 2.3.2010, Rn. 210ff.
② Vgl. BVerfGE 125, 260 (321f.)=*BVerfG*, 1 BvR 256/08 vom 2.3.2010, Rn. 214.
③ Vgl. BVerfGE 125, 260 (328f.)=*BVerfG*, 1 BvR 256/08 vom 2.3.2010, Rn. 228.
④ *Eimeren/Frees*, Ergebnisse der ARD/ZDF-Online-Studie 2011, online verfügbar unter http://www.ard-zdf-onlinestudie.de/fileadmin/Online11/EimerenFrees.pdf.

第四部分　法律政策结论：改革需求与建议

一台移动电话。① 存储电信连接和定位数据的数据量也会同样巨大。一个大型 IT 公司估计，留存数据存储牵涉的数据量为每天 3 亿—5 亿条。②

与这种干预相对的，是为了阻止和追查严重刑事犯罪而对留存数据进行使用。以前的留存数据存储在大量案件中都是刑事犯罪追查的一个决定性的——也经常是唯一的——侦破途径。③ 这也对于侦查有组织的犯罪成员结构具有重要意义。这些个案结果和重要的应用领域所不能改变的是，并没有证据表明，使用往来数据，特别是留存数据存储，可以对各种——国内和国际的——相应犯罪类别的侦破率造成影响，④ 这也是由于所涉及的侦破率与多种非常难以控制的变量有关。

当然，对使用留存数据的评定也必须注意到，鉴于现在联邦宪法法院的规定，大量通过留存数据存储所收集的数据只能用于对严重犯罪的侦破。行为人也能轻易阻止依赖于往来数据的成功侦破：他们在移动通信领域中不用或者使用错误名字注册的预付卡（Prepaid-Karten）和未经注册的移动通信终端，使用无安全保

---

① http://www.bitkom.org/files/documents/BITKOM-Presseinfo_Handybesitzer_15_09_2011.pdf.

② *Albrecht* et al., Schutzlücken durch Wegfall der Vorratsdatenspeicherung?, 2011, S. 218ff.

③ 参见下萨克森州州议会，Drs. 16/3056, S.6；联邦犯罪调查局，Stand der statischen Datenerhebung im BKA sowie der Rechtstatsachensammlung für Bund (BKA, BPOL, ZKA) und Länder zu den Auswirkungen des Urteils des BVerfG zu Mindestspeicherungsfristen, 2010, S. 9；*Möllers*, Gutachten für die Bundesregierung im Verfahren 1 BvR 256/08, S. 43ff.。

④ Vgl. dazu die Studie von *Albrecht* et al., Schutzlücken durch Wegfall der Vorratsdatenspeicherung?, 2011, S.218ff.

护的私人无线网络、餐馆、咖啡店、旅馆、大学的公共无线网络或其他公共设备访问，或建立与德国或欧盟留存数据存储涵盖不到的外国服务商的 VPN 通道进行网络连接。① 此外，网络数据仅能推及电子通信系统，尚且不能确定其用户或者事实上的所有人的身份。现在本地的刑事犯罪团伙也可以利用很容易获得的无线电设备协调其行动，以避免往来数据监控。

当然，由于警察的其他侦查方式（比如通过《刑事诉讼法》第 100i 条诉诸终端和参与者的认证号码），这种反侦察防护措施已经有一部分不起作用了。其他监控措施（如电话监控）的经验也表明，行为人往往无法有效地坚持贯彻其反侦查防护措施。因此，新引入的留存数据存储的使用将会有多广泛，其废除又在事实上会带来多大的损失，在现在的时间点上还无法依照有科学保证的方法作出可靠的判断。

此外，在对个人权利造成的危险和对留存数据的使用之间的权衡，以一种特殊的方式关乎政治前提，这使做出一个科学的判断更加困难。因为国家对个人数据的大范围存储的危险，在一个法治国的民主制度中是很难客观化的。也可以用不同方式来看待这些危险，正如许多年轻人在使用社交网络时所做的那样——但他们大多不了解由私人和在德国法律范围之外存储的个人数据所面临的真正危险。因此，关于留存数据存储的决定在很大程度上是一个政治决定，必须由议会——在了解上述关于留存数据存储的实际用处的实证结果的情况下——来作出。

---

① 对此也参见第二部分第二大点的第 2 点，以及 *Albrecht* et al., Schutzlücken durch Wegfall der Vorratsdatenspeicherung?, 2011, S. 148。

（4）对于电信往来数据的一般留存存储的建议

关于电信往来数据留存存储的一个全面的法律决定（特别是具有争议的定位数据）超出了本鉴定报告的讨论对象，因为对电信和定位数据的监控涉及所有刑事程序，特别是对有组织犯罪领域的侦查。立法者的一般性决定也应当仅在获得有关该措施益处的有说服力和可靠性的数据以及必要的概念和实证分析之后，再进行评估判断。迄今为止的评估的特征都是，只立足于未经证实的统计意见和对个案的提及。①

因此，为作出关于留存数据存储的更深远的决定，必须首先获得可能留存数据存储的典型事实情状。进而针对不同情状下的侦破需求，定义必要的技术性数据及其收集所预计的时间长度，也应当包括通过快速冻结程序而某种程度上缩短留存数据存储的可能性。只有在此基础上才能对各种事实情境作出权衡，决定对留存数据存储是否、多大范围以及多久才能够是合比例的和正当化的，同时还应当区别连接数据（Verbindungsdaten）和——明显更难以正当化的——定位数据。

如果这种分析表明，有必要将某些数据存储一段时间，那么应当首先仅允许在精确定义的一个时间段内保留某些数据，并在根据相关法律作出延长（决定）前按照其实际利益进行评估。立法者也必须考虑到，为了实施评估所必要的数据是在评估期间收集的，而且这也应当将当前还存在上述引入留存数据存储义务的

---

① Zusammenfassend *Albrecht* et al., Schutzlücken durch Wegfall der Vorratsdatenspeicherung? 2011, S. 78 ff.

欧洲层面包括进来。

（5）对于 IP 分配数据（IP-Zuordnungsdaten）的特殊留存存储的建议

相反，对于将 IP 地址（在网络犯罪领域中很重要）动态分发给用户而言，进行权衡的结果是很清楚的。因此，对此应当迅速制定出一个有限制的特别规定。因为快速解析已知 IP 地址作为刑事侦查的重要目标，可以通过存储相对来说具有较低干预强度的数据来实现，用这些数据是无法建立个人画像的。① 此外就是动态分发 IP 地址之外可以轻松访问的基本数据（Bestandsdaten）。与对连接和定位数据的留存数据存储不同，这些归属数据在现今的上述数据体量中也无足轻重。

联邦宪法法院对这些分配数据的留存存储的判定，远比对一般连接和定位数据的留存存储要积极得多。② 根据联邦宪法法院的观点，可以对一些轻微的犯罪，比如，严重的行政违法，使用所存储的分配数据。③ 将时间定义的 IP 地址分配给其用户，对于调查互联网犯罪至关重要。因此，尽管采取了所有可能的规避措施，但在许多情况下，那些分配数据的可使用性仍然能够有助于对攻击者进行身份认定，以及可能通过一系列"被黑客侵入"的计算机进行溯回。

然而，这些的前提是，犯罪攻击的受害者识别到加载的数据的 IP 地址，因为在具有存储 IP 分配数据的最小模型中，访问提

---

① Vgl. BVerfGE 125, 260 (318f.)=*BVerfG*, 1 BvR 256/08 vom 2.3.2010, Rn. 256.
② BVerfGE 125, 260 (340 f.)=*BVerfG*, 1 BvR 256/08 vom 2.3.2010, Rn. 254ff.
③ 对此参见本书第三部分第三大点第 1 点的第（2）小点。

供商没有提供关于单个的电信连接（"何人与何人"）的任何信息。鉴于有限的留存存储和对分配数据的使用干预强度更加轻微，这种"小型留存数据存储"是很清晰的，并且即便有相关的用户规避措施，也是可以得到正当化的。此外这种措施的存储期间，应当比2011年联邦司法部在标准文件中对与所谓快速冻结程序所建议的更长。① 当然也必须和将来在新的互联网IPv6协议下的变动一样，谨慎注意这些保护措施的效果。②

2. 对非法内容的阻断

（1）问题

全球范围都在讨论，关于网络中非法内容的预防，是否应当（根据相关规定）通过访问服务商的技术措施而阻断对这些内容的访问。对此德国主要是针对儿童色情内容和侵害著作权产品服务提出问题，且在政治方面存在不同的答案。计算机科学家则主要持拒绝态度，因为阻断措施可以被规避，并且有副作用。③

这种对阻断令的拒绝首先基于网络阻断是以列表为基础的，列表通过服务器的IP地址而实施对服务器的阻断，或依据某个提供产品服务的网址而阻断其提供。④ 所以自始就仅可以考虑对互联网某些部分的阻断，这部分是基于——如传统的网页访问——

---

① 参见2011年1月17日联邦司法部标准文件。
② 关于IPv6的可能影响见 Freund/Schnabel, MMR 2011, 495ff.。
③ Vgl. Pfitzmann/Köpsell/Kriegelstein, Sperrverfügungen gegen Access-Provider, S.48ff., Online verfügbar unter http://www.kjm-online.de/files/pdf1/Gutachten_Sperrverfuegung_Technik_2008.pdf.
④ 例如，统一资源定位符（URL）描述了网站所在的地址。各种阻断方法的运作原理，参见 Sieber/Nolde, Sperrverfügungen im Internet, 2008, S. 49ff.。

服务器—用户原则,因此才可以屏蔽用户的询问。对于其他的通信方式——比如说文件共享网络(File-Sharing-Netzwerken)中的数据交换——就因为缺乏相应的着手点,而完全排除了所讨论的阻断措施。因此,对万维网网页的阻断可能会将位置更换到提供产品服务的其他网域。

但是,阻断措施也因此而仅能有条件地发挥效果,因为阻断措施可以相对容易地以多种方式被规避。① 现在,在不考虑附带损害而大力实施阻断措施的一些国家,这种现象已经初见端倪。当然也不能忽视,用户对于实施规避措施的技术理解是很有限的,而且近年来访问接入服务提供商防止规避措施的技术可能性已大大提高,特别是通过使用深度包检测(Deep-Packet-Inspection)。这种技术允许查看数据包的更深层,从而可以进行对所传输内容的分析。② 但是针对这种强度干预的技术,也有规避的可能性,比如,通过使用加密的连接通路。

但是,网络阻断也会导致——与所选用的阻断技术有关——对内容提供者的言论自由和用户的信息自由(《基本法》第 5 条第 1 款)的严重损害,因为网络阻断——按照所使用的技术来看——也阻碍了合法的内容。网络阻断侵害了通信秘密(《基本法》第 10 条),并且影响到访问提供商的职业自由和财产权保护(《基本法》第 12 条和第 14 条)。③ 在程序法上将基本权利人包括进来,这个问题在迄今为止所有的阻断命令的计划中,并未得到

---

① Vgl. *Sieber/Nolde*, Sperrverfügung im Internet, 2008, S.183 ff.
② 对此也参见本书第三部分第一大点第 6 点的第(3)小点。
③ Vgl. *Sieber/Nolde*, Sperrverfügung im Internet, 2008, S. 58 ff.

令人满意的解决。同样的还有这个问题,就是如何在法治国的听证权利和法律补救措施程序中,能够考虑其提供者被阻断服务的快速变化。

2011年欧盟法院的决定指出,不允许对网络提供商施加一般的监控义务。① 对全体数据的积极检查和一般性的监控是一样的,这与关于电子商务的指令是不相符的。这项义务也会导致对服务商经营自由的侵害,因为必须建立起一个高成本的且完全由其自费运行的监控系统。就此而言,控制就违背了——《欧盟基本权利宪章》所保护的——个人数据保护的权利和信息的自由接收与发送的权利。

在非法内容领域,阻断令也没能达到其清除图片的本来目标,这些图片在网络中仍然还是继续可用的。采取阻断措施进行保护的这种有限性,特别是对儿童色情图片的图中受害者来说,仍然是有问题的:阻断令仅仅是在德国的服务器上针对图片访问而保护其人权;如果是来自国外的用户或通过外国服务器访问他们的照片,那么他们将不受保护。

这方面不仅相对化和削弱了阻断保护概念的价值,而且在考虑整体保护系统时,甚至可能导致受害者因阻断令而处境恶化。因为阻断概念对于图片中的受害者来说是有缺陷的,相关机构对访问服务商提出比较容易规定的阻断措施的要求,而忽视了对主机服务商的更为重要的解决方案。但是,努力进行对——全世界范围内的——非法内容的删除,必须优先于只在国内层面而只是

---

① Rechtssache C-70/10 *Scarlet Extended SA v. Société belge des auteurs, compositeurs et éditeurs SCRL (SABAM)* vom 24.11.2011.

具有有限效果的数据阻断或访问限制的措施。因此，针对儿童色情的措施的重点并不在于通过访问服务商阻断数据连接，而是必须放在著作权人的调查和通过主机服务商删除图片上面。①

（2）关于针对非法内容的措施的建议

网络中针对非法内容的阻断是不值得推荐的。这些措施并没有解决相关问题，在其当前的安排中有效性非常有限，还会导致附带损害，比如对言论和信息自由的侵害。

因此，安全机关应当将资源投入对非法内容创作者的调查和相关删除中去。出于这一目的，也应当支持其他的私人热线，接受互联网用户对非法内容进行举报并转交给主机服务商。基于在欧洲有效的责任规定，主机服务商必须在知悉后删除这些内容，以避免自身的刑事可罚性。② 私人热线在这里的优点是，不同于国家的侦查机关，它可以直接向国外的主机服务商或者侦查机关请求帮助。

因为对网络中的内容进行阻断的技术可能性还会继续发展，需要仔细观察其这一领域中的进步，特别是关于深度包检测的使用。按照联邦宪法法院的基本原则来看，在法律视角下还应当检查，新的阻断程序在多大范围内干预了当事人的法律地位。③ 然而，目前还没有令人信服的观点来改变现存建议。

---

① Dazu näher *Sieber/Nolde*, Sperrverfügung im Internet, 2008, S. 27ff.; Sieber, JZ 2009, 653, 656f.
② 关于这些答责性规定，参见本书第三部分第一大点的第6点。
③ Vgl. BVerfG BvR 1372/07 vom 17.2.2009, Rn. 19.

四、国内刑法系统之间的合作

前面分析中出现的国内刑法秩序的领土边界与跨国互联网犯罪之间的冲突，只能通过具有跨国效力的刑法来解决。专门针对互联网的现存规则框架可能的继续发展是，将自己的国内刑法体系进行域外扩张。这种扩张既可以在国内**刑法适用法**的领域进行（下面第 1 点），也可以是在进行全球网络空间中跨国侦查的国内**刑事执法权**的领域中（下面第 2 点）。此外，跨国刑法可以通过改善国内刑法体系之间的合作来实现。这种合作不仅可以借助传统的机构和司法协助，也还可以借助于国际和超国家的规则和组织的继续发展（下面第 3 点）。①

1. 刑法适用法

（1）问题

针对网络中的大多数刑事犯罪，国内刑法适用法并不需要特殊规定，因为犯罪是通过物理存在的计算机系统而实施的，计算机系统所在地就构成了《刑法》第 3 条和第 9 条中的行为地或结果地。属地原则的困难之处主要是对于抽象危险犯，特别是在非法内容的领域中，很难在德国内构成《刑法》第 9 条意义上的"属于构成要件的结果"。这里有一个问题，如果在德国境内"点一下鼠标"就能访问，且根据德国刑法是应当处罚的内容被存储

---

① Zusammenfassend *Sieber*, ZStW 121 (2009), 1 (16ff.).

在域外的服务器上,是否应当寻求德国刑法(甚至可能加强)的适用。① 因为从国内视角出发,难以理解的就是,若同样的内容是以有体物的形式——比如以杂志发表的形式——就能够进行追查,但是反之以服务器这种更加容易访问的形式来提供,却无法追查了。

这种将德国刑法强化扩张到域外服务器的做法并不一定会侵害他国的主权。因为根据国际法,原则上国内的刑法适用也可以适用于第三国领土上发生的或者与之有关的事实。国际法确实通过习惯的互不干涉原则为国家刑事权力设定来边界。② 但是,如果说在刑事犯罪和国家刑事权力之间存在有足够充分的连结点,针对第三国或其附属国而行使域外的国家刑事权力,也尚且不违反互不干涉原则。③ 一般来说,这种连结点如果属于国际刑法的国际法原则之一,就已经具备了。④

自此而导致的司法管辖权冲突自然要求域外刑事权力的克制行使,⑤ 以及在相关国家之间的利益权衡。对此,国际刑法中的

---

① 参见本书第三部分第四大点的第1点。

② 基本的内容,参见国际常设法院,*Lotus*, PCIJ Series A No. 10, S. 71(90)。

③ 关于一般的域外主权行使见国际法院,*Nottebohm*, ICJ Reports 1955, 3, 4, 23;国际法院,*Barcelona Traction*, ICJ Reports 1970, 1, 42;BVerfGE 63, 343(369);77, 137(53)。特别是关于刑事权力见 BVerfGE 92, 277(320f.);BGHSt 27, 30(32);34, 334。

④ *Jescheck/Weigend*, Lehrbuch des Strafrechts, 5, Aufl.(1996), S. 167;*Hailbronner*, in: Vitzthum, Völkerrecht, 4. Aufl.(2007), Rn. 144ff.;*Verdross/Simma*, Universelles Völkkerrecht, 3. Aufl.(2010), §1183f.

⑤ Vgl. IGH *Barcelona Traction*, separate opinion *Fitzmaurice*, ICJ Reports 1970, 1 (Rn. 70).

第四部分　法律政策结论：改革需求与建议

国际法原则的排位关系具有决定性的意义。① 在国家领土对于建立和限制国家主权行使②的国际法意义中，一般来说属地原则具有优先顺序，③ 保护原则④是与属地原则同等级的或者直接排在后面。因此，适度的且通过正当保护利益而正当化地扩张德国刑法到域外事实上，原则上是与国际法一致的。

所以，立法者可以针对一般的实体刑法中的危险犯，通过补充危险犯构成要件中的一个危险要素，使之在犯罪事实中成为《刑法》第 9 条意义下的属于构成要件的犯罪结果，来简化对德国刑法适用法的相应扩张。这种解决方案会具备以下优点，即其是针对特定犯罪的，并且还可以根据国际法为纳入相应域外事实而提供合法性。扩张德国刑法适用法的其他选择可能是专门针对网络中的刑事犯罪而修正《刑法》第 9 条中的结果地、将个别危险犯纳入《刑法》第 5 条提到的针对国内法益的国外犯罪中或者扩张《刑法》第 6 条中的针对国际强行法保护法益的国外犯罪的犯罪目录。

从国家的角度来看，这种惩罚性权力的扩张似乎是可取的，但从总体国际的角度来看，这同样存在问题。主要是鉴于在其他国家中与此相关的模仿效果和由此会导致的规范冲突：如果其他法律体系中也通过特殊构成要件遵循这样的域外规则，那么可能

---

① *Ambos,* in: MüKo-StGB, Vor §§ 3-7, Rn. 55 m.w.N.(Fn.406)。也参见欧洲委员会大会第 20 项建议("关于刑事问题的管辖权冲突的欧洲条约草案",1965 年)。
② 仅参见《联合国宪章》第 2 条第 1 款、第 4 款、第 7 款。
③ Siehe dazu rechtsvergleichend *Ryngaert,* International Criminal Law Review 9 (2009), 187ff.
④ Vgl. *Jescheck/Weigend,* Lehrbuch des Strafrechts, 5, Aufl.(1996), S. 169.

许多不同国内刑法规定都能对网络中的非法内容提出效力要求。澳大利亚国家公民托本（Toeben）因为在澳大利亚电脑上发布煽动民众和传播奥斯威辛谎言而在德国被定罪[①]后，很快就会导致在其他国家中对企业家、出版商和记者提起的刑事诉讼，他们在德国服务器上的酒类广告、色情图片或政治出版物根据外国法律制度是可处罚的。因为这种发展对全球网络空间来说是有害的，所以应当避免将刑法适用法扩张到外国计算机系统上，并且替换为整体的国际解决方案。

（2）对于网络中刑事执行法的建议

必须尽可能阻止对互联网上的非法内容适用大量不同国家的刑法条文。因此，为了保护国家领土所必要的对刑法适用法的扩张，应尽可能在国际协议框架内进行，为所有国家定义刑法的最低限度条文的目录。德意志联邦共和国应努力确保联合国与其他国际和区域机构一道，在现有公约的基础上制定相应的最低限度诸条文，然后可以对此适用扩张的普遍性原则，特别是在互联网方面。没有一种这样的国际共识，国内刑法适用法的域外扩张也无法实施。

必要的国际规则也要求——类似于其他区域和国际的关于刑法最低标准的建议——规定在各种平行的可适用国内刑法适用规定之间的关系和排序。这一规则应当以属地原则的优先为出发点，但是也应注意到对民族国家的保护原则以及实施的刑事程序的实

---

① *BGH*, NJW 2001, 624ff.

用性基础。①

因为迄今为止没能清晰定义冲突和合作规范,所以必须通过程序和制度的规则进行补充,以防止多重执行。对此,现存的为了追查网络犯罪的国际联络点网络,应当在与联合国、国际刑警组织和区域组织的协作下进行扩展。

2. 在全球网络空间中的跨境侦查

(1) 问题

借助互联网实施的犯罪的跨国特征,不仅要求对刑事管辖权(jurisdiction to adjudicate)的跨国规则,特别是还需要跨国的法律执行(jurisdiction to enforce)。与其他犯罪形式相比,网络对此提供了特别的可能性,对在外国的数据服务,可以自己独立实施刑事程序的侦破措施。相关国家的主权——对很多国家来说是非常有吸引力的——为在全球网络空间中进行跨境单方侦查的可能性,设定了国际法上的边界。因此,为了对跨国网络侦查进行评价,以及作为将来国际行动的基础,首先都有必要对所涉及的国际法有区别地进行分析,而这在迄今为止的讨论中仍然缺席。②

(2) 一般国际法中的侦查边界

① 侵犯主权

在外国实施为了执行国内法且没有第三国授权的国家措施,

---

① 关于相关的冲突规则和"一事不二罚"的基本原则,参见 Eser, in: Sieber/Brüner/Satzger/v. Heintschel-Heinegg(Hg.), Europäisches Serafrecht, 2011, §36。

② Vgl. die Ansätze bei Gercke, Rechtswidrige Inhalte im Internet, 2010, S.171; Seitz, Yale Journal of Law&Technology 2004-2005, 23(35f.).

原则上侵犯了他国的国际法主权。① 这些国家措施也包括跨境侦查措施。② 因为主权国家可以——也正如司法协助条约所表明的——自己单独决定，是否应当在其领土上实施刑事侦查措施。这些——符合主权的——国家措施也包括在网络中的跨境侦查措施，因为它们会在位于外国领土的服务器上进行数据处理。采取跨境侦查措施的该官员实际不在他国领土上，这一点在国际法上是无关紧要的。从境内延长到境外的措施——比如通过技术系统——侵犯了第三国的主权。③ 国家措施间接涉及了其他国家的生活区域，而在这一区域中只有其他国家才有权制定规则和作出决定，这就已经构成了对主权的侵犯。④ 然而，随着云计算的增多，与数据在其领土上被控制的国家利益相比，数据（恰好）存储在其国内的国家利益变得不再重要。

因此跨境在线侦查措施存在这样的问题，即是否以及在何种前提下，这种方式的干预措施能够被正当化。这要求对各种事实情形和正当化理由进行有区分的审视。

② 访问公开可获得的数据

---

① Grundlegend StIGH, *Lotus*, PCIJ Series A No. 10, S.4 (18); *Island of Palmas*-Fall, Reports of International Arbitral Awards (1949), S. 829 (838). Ebenso BGHSt 45, 188 (192).

② BGHSt 45, 188 (192).

③ Grundlegend *Trail Smelter*, Reports of International Arbitral Awards Vol. III (1938), S.1905 (1965). Vgl. IGH *Legality of the threat or use of nuclear weapons*, ICJ Reports 1996, 226ff. (Rn. 39). Ebenso BGHSt 45, 188 (192); *Verdross/Simma*, Universelles Völkerrecht, 3. Aufl. (2010), § 456.

④ IGH, *Military and paramilitary activities in and against Nicaragua*, ICJ Reports 1986, S. 14ff. (Rn. 205, 241, 251).

第四部分　法律政策结论：改革需求与建议

对缔约国来说，访问公开可获得的数据这一活动在国际条约中的正当化基础来自《网络犯罪公约》第 32a 条。① 无论存储位置在哪里，这种对公开可获得数据的访问对非缔约国来说，也可以从**国际习惯法**中找到依据，如果国际社会中这种**法律确信（opinio iuris）**已经占据主导并且已为国家间**一般实践（consuetudo）**所确认。② 但是，因为没有明确的关于国内刑事追诉机关（网络）侦查方法的公开信息，目前还不能对相应的法律确信和实践作出结论性的陈述。③ 不过考虑到现在显而易见的世界范围的网络使用，使用者对可访问数据的存储也经常缺乏认识，以及在全球网络空间中进行的对公开数据轻微干预强度的访问，大体上可以支持这种在国际社会中的法律确信和实践。

③ 访问非公开可获得的数据

对于访问非公开可获得的数据，如果有访问权限者以合法且自愿的方式同意外国侦查机关对数据进行访问，《网络犯罪公约》第 32b 条为缔约国提供了国际条约的正当化依据。④

对于在域外侦查措施框架下访问非公开可获得数据，目前没有其他的国际习惯法依据，且没有这种实践的可靠资料。反之，对这种法律观点则存在有力质疑：反对接受《网络犯罪公

---

① 参见本书第三部分第四大点第 2 点的第(2)小点。
② 《国际法院规约》第 38 条第 1 款 b 项。在个案中也有短期的实践，见国际法院, *North Sea Continental Shelf*, ICJ Reports, 1969, 3(43)。
③ Vgl. dazu auch *Charney*, Washington Law Review 61 (1986), 971ff. Siehe dazu auch *United States Department of Justice*, Searching and Seizing Computers and obtaining electronic evidence in criminal investigations, S. 56.
④ 对此见本书第三部分第四大点第 2 点的第(2)小点。

约》第 32b 条中相应的国际习惯法规则首先在于，在《网络犯罪公约》的缔约国中也没有就该条文的解释和边界达成一致，① 以至于缺乏一个国际习惯法上相关的一致法律意见。也有反对意见认为，有访问权限的（私）人同意外国国家权力访问其数据，并不能消除对该国的主权侵犯，因为个人无权处分国家主权。② 超出《网络犯罪公约》第 32 条的一般国际习惯法的规则，即允许在无相关国家授权的情况下跨境访问非公开数据，这也被许多没有参加《网络犯罪公约》的国家拒绝。③ 未经授权的调查案件在外交中引起了相当大的不满。④ 如上所述，在 2003 年《关于欧洲证据令的框架决议的建议》中删除了第 21 条的做法，也否定了——甚至于是在欧盟成员国内部关系中——存在这样的法律确信。⑤

对于跨境访问非公开的和在外国存储的数据，在大多数刑

---

① 欧洲理事会,欧洲刑事事项合作公约实施专家委员会(PC-OC),关于计算机相关案件的法律协助的答复,2008 年 12 月 1 日［PC-OC (2008) 09 rev］,芬兰(第 14 页)、德国(第 15 页)、拉脱维亚(第 18 页)、斯洛伐克(第 37 页)、乌克兰(第 44 页)的意见。

② *Akehurst*, in: Weiler/Nissel (Hg.), International Law, Vol. III, 171 (173)。但是也参见美国司法部, Searching and Seizing Computers and obtaining electronic evidence in criminal investigations, 第 56 页："美国（和一些其他国家）的观点是，并不需要事先协商来……（2）得到有合法授权披露材料的人的自愿同意，访问在 A 国的材料。"

③ 参见《网络犯罪公约》, SEV Nr. 185, 解释性报告, 第 293 项; Council of Europe, Cybercrime and Internet jurisdiction (discussion paper, 5. 3. 2009), S.27 (Rn. 79); 其他也见 *Seitz*, Yale Journal of Law & Technology 2004-2005, 23 (45)。

④ Siehe dazu den Fall *Gorshkov-Ivanov*: *United States v. Ivanov*, 175 F. Suppl. 2d 367 (D. Conn 2001); *United States v. Gorshkov*, 2001 WL 1 024 026 (W.D. Wash. 2001)。

⑤ 本书第三部分第四大点第 2 点的第(2)小点。

第四部分 法律政策结论：改革需求与建议

事案件中也无法从**其他的国际法正当化理由**中得出其正当化依据。在"一般的"犯罪案件中，没有该第三国的同意，跨境在线侦查不能依据《联合国宪章》第 51 条作为国际法中的自卫权而得以正当化。这种自卫权的前提是，一国是《联合国宪章》第 51 条中所规定的"武力攻击"的受害者，并且该攻击能够归责于有关国家。① 因此，最多也只能在网络战的情形下才能考虑依据《联合国宪章》第 51 条行使自卫权。在 2007 年针对爱沙尼亚政府服务器以及银行、报纸和公司的计算机系统的大规模 DDoS 攻击之际，对此进行了讨论。② 通过计算机蠕虫"震网"对伊朗位于纳坦兹的铀浓缩工厂的攻击③也经常被与关键词"网络战"联系起来。然而，这种破坏行为是否具备"武力攻击"的必要特质，还有待观察。④

通过侦查措施造成主权侵犯也很难作为所谓善意侦查（Good-Faith-Ermittlungen）而得到正当化，这种情况下，调查机关错误地将所收集到数据的服务器位置假定为在其自己的领土上，或者由

---

① Zur Zurechnung *Ipsen*, in: ders.(Hg.), Völkerrecht, 5. Aufl.(2004), S. 636ff.

② 爱沙尼亚政府主要是指控俄罗斯政府，但是对此没能提供证据。参见 http://heise.de/-138918。

③ 震网病毒事实上是将位于纳坦兹的设施作为目标，这种认知当时被认为是确凿的，见 *Schneier*, 2012 年 2 月 23 日的记录，可访问网络地址 http://www.schneier.com/blog/archives/2012/02/another_piece_o.html。

④ 类似的理由也反对通过国际法正当化的危急情况而对此进行正当化。对此可能必要的是，一国不得不做出国际不法行为，才能够排除对其根本利益严重和迫切的危害。参加国际常设法学，*Gabcikovo-Nagymaros*, 第 51 段及以下；《国家不法责任草案》评注，第 83 页。

于技术原因而无法**事前**定位服务器。① 尽管对这个问题展开了有争议的讨论②,但国际法院现在假设,侵犯主权并不取决于所涉国家机关的过错。③ 例外情况似乎只有一种可能,即国家因为已经采取了**必要的谨慎**(due diligence)而无须对违反国际法负责。④ 然而这一限制已经非常接近于纯粹的客观标准。⑤ 在线侦查通常不属于这种例外情况,因为刑事执法机关一定考虑了,要检查的数据不在国内服务器上,尤其是在采取措施之前无法确定确切服务器位置的情况。

④ 从母公司和子公司获得数据

如果跨国公司的住所国强迫母公司获取其外国子公司的数据,或者国家对子公司实施制裁以促使其外国母公司从国外提供某些证据,则适用相同的原则。按照上述原则,在这种情况下涉

---

① 例如,关于云计算,上面第二部分第二大点第 1 点。参见 Sieber, Legal aspects of computerrelated crime in the information society - COMCRIME-Study, S.108(本书第 83 页脚注①)。

② Siehe dazu einghend *Garcia-Amador,* International Responsibility, Fifth report, YBILC 1960 Ⅱ, S. 41, 60ff.; *Ipsen,* in: ders. (Hg.), Völkerrecht, 5. Aufl. (2004), S. 628; *Verdross/Simma,* Universelles Völkkerrecht, 3. Aufl. (2010), § § 1265f.

③ Z.B. IGH, *United States Diplomatic and Consular Staff in Tehran,* ICJ Reports 1980, S. 3ff.(Rn. 63ff., 68ff.); *Verdross/Simma,* Universelles Völkkerrecht, 3. Aufl.(2010), § 1266; 也参见国际法委员会通过的《国家不法责任草案》第 2 条。

④ *Ago,* Eingang Report on State responsibility, YBILC 1979 Ⅱ/1, S. 3 (66, Rn. 100ff.), 152; *Verdross/Simma,* Universelles Völkerrecht, 3. Aufl. (2010), § § 1267; *Schröder,* in: Vitzthum, Völkerrecht, 5. Aufl. (2010), S. 588 (Rn. 12).

⑤ *Verdross/Simma,* Universelles Völkerrecht, 3. Aufl.(2010), § 1267; *Schröder,* in: Vitzthum (Hg.), Völkerrecht, 3. Aufl.(2007), S.588(Rn. 12); weitergehend *Ipsen,* in: ders. (Hg.), Völkerrecht, 5. Aufl.(2010), S. 629 (Rn. 38); Dahm/Delbrück/Wolfrum, Völkerrecht, Bd. I/3, 2. Aufl. (2002), § 183 I.4.

及对外国主权的干涉。只要没有接受相应的习惯法，则此类程序只有在有关国家同意的情况下才是合法的；否则，就必须经外国司法部通过司法互助而取得证据。

⑤ 结论

没有获得所涉及的第三国授权的跨境在线侦查，作为行使他国国家权力的措施而侵害了第三国的主权。如果访问公开可获得的数据，但符合《网络犯罪公约》第32a条以及可能根据国际习惯法，是合法的。如果访问非公开可获得的数据，但符合《网络犯罪公约》第32b条所列举的情形中是允许的。此外，对国外非公开可获得数据的访问，一般来说是违反国际法的。

(3) 在德国法中的后果

德国刑事执行机关侵害他国主权，在德国法中是作为违反国际法的行为，这种违反国际法的行为因《基本法》第25条的规定而产生了域内效果。即违反国际法而获得的证据可能会因而受到禁止使用证据规则（Beweisverwertungsverbot）的限制。[1] 需要注意的是，侵犯一国主权的行为不影响被告人的权利范围，证据仍然可以使用的。[2] 如果主权受到侵犯的国家反对使用所获得的证据，那么一般可以认定应当禁止使用。[3] 除此之外，只有当德国侦查机关在实施侦

---

[1] 此外，关于在境外收集证据的使用，适用和在国内收集证据的同样规则，参见 *BGH*, NStZ 1992, 394。

[2] BGHSt 37, 30(33). Siehe auch *BVerfG*, NJW 1986, 1427; *BverfG*, NStZ 1984, 468; *BGH*, NStZ 1984, 563; *BGH*, NStZ 1985, 464; BGHSt 30, 347, 349f.; *Gless*, JR 2008, 317,323; a. A. wohl *Heine,* HRRS 2009, 540(544ff.).

[3] BGHSt 34, 334, 334; ferner BGHSt 36, 396.

查措施时也侵害了个人权利时，被告人才有排除证据使用的权利。①

（4）关于跨国侦查的建议

对外国领土上服务器的跨境侦查，除《网络犯罪公约》第32条所规定的情形之外，是不允许的。但是，在将来必须仔细观察，对此在多大范围内会形成更深远的国际习惯法。因此，为了在一些特殊案件中实施更有效的直接跨境侦查措施，应当缔结相关的国际法条约。这也特别适用德国当局与外国互联网公司直接建立联系，以获取在国外母公司的数据的情况。

3. 机构和司法协助，以及建立国际机制

因此对于网络犯罪的跨境侦查来说，继续发展传统的机构和司法协助具有重要意义。这样做的基础是**国际的法律和谐化**。没有干扰性地保留而进行有效的共同协作，只在有同样价值体系和相似法律规则的国家之间，才是可能的。因此，德国应当大力支持欧盟、欧洲理事会、联合国和其他机构之间的法律和谐化努力，并且应当关注在各种不同措施间形成一致性。这些国际和区域的机构必须与彼此紧密合作。可以通过建立统一的侦查标准以及影响国际法规则的形成，来推进世界性的合作。

进一步来说，合作所需的合作法也是决定性的，这已经部分包括在《网络犯罪公约》中了。此外，对网络刑法的特殊问题应当与其他法治国一起进行尝试，将在欧洲刑法中新发展出来的合作形式，在更广泛的地理空间中用于追查网络犯罪情形下的重要

---

① Dazu *Gless*, JR 2008, 317, 324ff.

侦查措施。这特别适用于欧洲—美国之间,在欧盟—美国关于网络安全和网络犯罪工作小组中所协调的合作。① 此外,通过对特定 IP 地址调取所有者而对攻击者进行快速追查的程序,具有重要意义。因此,对 IP 地址和其用户的归属进行相应的留存存储(Vorratsspeicherung),应当像存在一个自动化访问系统一样,也在国际层面达成一致并付诸实践。

所以,国际和谐化和完善执行合作标准具有重大意义。重要的是建立**特殊的机制**,可以通过这些机制来支持机构和司法协助或者实施有限的超国家措施。上述 24/7 全天候高技术犯罪网络现在得到了几个机构的支持,代表了在这方面所跨出的重要一步。应当加强整合该网络的各项举措,推动其进一步发展。

也可以在支持刑事追诉的机制中——例如欧洲司法组织——在各司法系统中配备有决定权的代表,以便——特别是为了追查攻击者——在不同司法区域间对特殊决定获得快速认同或者同时作出该决定。也可以由相关的委员会来协调或者决定职权问题。对这些委员会的控制,必须像现在关于欧洲检察官的方案所讨论的那样,或是通过特殊的独立监察委员会,或是通过国内法院来实现。在网络空间中进行侦查的需求应该将会推动,在网络犯罪领域的制度建设成为创建国际和超国家刑事执法机制的先导。

在国际合作中,私人行动者必须被包括进来。这也同样适用

---

① Vol. das Konzeptionspapier der Arbeitsgruppe wnter: http://www.huembwas.org/News_Events/20110408_cyber_conf/summary_elemei/MD-018a-11-EU% 20US% 20WG% 20-% Concept% paper% 20-% 20CL% 20201110413_US.pdf.

于商业协会以及非法内容举报办公室(热线)。几乎不受法律约束的国际领域特别适合公私合作伙伴关系。针对非法内容,国内私人机构与其执法当局协调出来的报告非法内容的国际措施,可以在统一国内答责性规则的基础上大有可为。在国家—私人合作和共同规制的范围内,网络空间治理规则也能够成为新的有效的国际解决方案的探路先锋。

五、制定可持续的改革方案

前面所进行的分析整体上表明,德国刑法必须在各种不同领域中进行调整,以便能够充分注意到新的虚拟法益的特征、全球化的网络空间以及互联网的匿名性,更好地适应信息社会的诸多新挑战。改革任务有很多,经常与技术复杂的预设相关,且只能在紧密的国际合作中才能得到解决。

因此,在网络犯罪的领域中,有效的法政策要求全面的、跨学科的、面向国际的改革方案,而在本鉴定报告有限的框架和德国法学界大会有时间限制的讨论中,只能点到为止。迅速的技术变革,与此紧密相关的犯罪的持续迭代以及新出现的攻击技术,都要求对法律的一个长期的和持续的调整过程。

因此,为了改革措施的继续发展,应当建立一个配置了跨学科专家的委员会,该委员会接受联邦司法部、议会或者私人机构的委托,对于信息安全法的改革能够得到广泛的授权。为了打击经济犯罪的专家委员会可以说是此种改革措施的先例,该委员会起草了1986年《第二次打击经济犯罪法案》中计算机犯罪追诉的改革措施，德国刑法用十年时间通过学术和实践界的有效合作形成了在世界范围内得到广泛认可的模式。如今，应当要求此种专家委员会在刑法学者和计算机科学家之外，也将宪法学者、国际法学者、民法学者和计算机法证专家包括在内。

为了纳入比较法的经验和影响国际的改革议程，这样的专家委员会应当是国际性的。未来一段时间，国际改革将主要在联合国、欧洲理事会和欧盟以及其他区域性组织的层面进行。必须通过将其机构和参与者紧密联系起来，来确保由此而不断发展的由国内、区域、国际和私人规则与建议构成的多层次系统具有一致性。

第五部分

结　论

Straftaten
und **Strafverfolgung**
im Internet

一、基础

法律应对信息社会挑战的调整，涉及不同犯罪和多样法律区域的广泛领域。鉴于现代社会与信息技术体系高度相关性及其脆弱性，相关规则具有重要意义。

信息法的必要发展必须注意到非刑法的——技术、组织和人员的——解决方案的优先性，它往往更高的有效性。在进行法律的规范化时特别需要关注数据的非物质特点、网络空间的全球化特征、互联网的匿名性以及快速的信息变动，应当基于功能性的而非技术特定的规范来评估网络犯罪。国际措施对于网络犯罪的法律规定具有很强的预先影响。对于国际合作的有效性，关注这些规定是至关重要的。

德国刑法已经通过大量的改革措施作出了调整，回应了信息社会和信息技术带来的新型挑战。然而，在许多领域，信息法问题仍然还是通过为有体物而制定的法律条文来解决。这就存在重大的改革需要。在国际网络空间中，为了回应新型挑战而进行特别调整，针对虚拟法对象而制定的规范，既可以极大地优化规范有效性，也可以更好地保护公民的自由和人格权。

考虑到现有的众多改革需求、所涉题目的技术复杂性、问题的迅速迭代和规范间严重的国际交织，应当——类似19世纪80

年代——为了德国法律的进一步发展设立一个跨学科的和国际化的专家委员会。对于将来的改革工作——与设立此种委员会无关——有下列指导建议。

二、实体刑法

①在实体刑法中，必须更好地完善旨在**保护信息技术系统可靠性、完整性和可用性**的相关德国刑法规定（特别是《刑法》第202a条、第202b条、第202c条、第303a条和第303b条）的体系化。

——非法探知数据和截获数据的刑法构成要件（《刑法》第202a条和第202b条），应当合并，并且补充未经授权使用委托数据的行为方式。

——变更数据和损毁计算机的构成要件的各行为方式（《刑法》第303a和第303b条），也应当在一个构成要件中进行规定，并且通过一个造成不利影响的统一要素而进行限制。

——《刑法》第202c条、第263a条第3款、第303b条第3款和第303b条第5款，也必须在一个整体的刑法构成要件中针对相同的行为对象进行重新规定，但是应当考虑到前阶段刑事可罚性的不同教义学基础，在两种"工具形式"中进行区分：一方面是具有双重用途功能的计算机程序，因而仅可以在持有者有犯罪意图的情形时才具备刑事可罚性的基础；另一方面是他人的安全码，非法占有他人安全码的行为（不具有此类意图要素）就能使刑事可罚性正当化。

由此得出的非法系统访问、非法系统更改以及持有和传播危险工具和安全码这三个犯罪构成要件,应当也具备相似的结果加重构成要件,这些团伙或者商业性的行为实施,对大量信息系统的侵害以及引起大规模损失的结果加重构成要件,应当也可以导致《刑事诉讼法》第 100a 条和第 100g 条的侦查措施。目前规定在《刑法》三个不同的地方,在 8 个不同条文中的相关犯罪,应当统一放在法律中的同一个地方。

②**数据保护法的刑法**规定也同样需要体系化和统一化。数据保护刑法的核心领域应当放在核心刑法中。目前欧盟层面所讨论的行政处罚应当纳入德国的刑事和秩序违反法中。然而,行政制裁的法治国保障,尤其是其程序法,必须按照其严重程度并且与德国宪法保持一致,符合刑法的保障要求。

③在实践中,**知识产权刑法**应侧重于有组织的和以商业目的实施行为的犯罪者。应完善民事保护制度,以消除其在《著作权法》第 101 条知情权方面的执法不足。此外还应当检查程序,使权利持有人可以更容易获得 IP 地址对相关用户连接的分配归属,而无需真正的留存数据存储。目前在德国所讨论的两振出局模式和在英国与法国所实践的三振出局模式,至少按照它们目前的形势,是不值得推荐的。

④对**内容犯罪**来说,关键在于传统的以有体的数据载体为导向的《刑法》第 11 条第 3 款中的文书概念,而这应当替换为新的媒体概念,不再立足于数据载体而是相关的数据。此外还必须明确持有概念。色情物品刑法存在多种相互交叠的行为,且极为复杂。其需要加以总结和集中。在青少年保护刑法中,判定可处罚

的内容可以——就像目前的情况——不取决于其是否以有体的数据载体的形式或者是在网络中进行传播。

三、刑事程序法

刑事程序法主要是在侦查授权的领域需要改革，目前这一领域仍然在大范围上以有体的证据对象为导向。需要创建的是：

①来源端数据通信监控的特殊规范，要通过技术标准和法律标准尽可能排除非电信数据，并且使来源端电信监控（现在还是以违宪的方式基于《刑事诉讼法》第100a条的所谓根基来发动的）成为可能。

②在法律上明确搜查，将搜查定义为公开措施，特别是在邮件服务商处，只在满足电信监控的条件下才允许持续的或者秘密的监控。

③对数据提交义务的独立规定，应当注意到与提交有体的对象相比，对于非有体的对象进行提交的特殊性（比如说，告知、解密和配合义务）。

④对于往来数据和（扩展的）基本数据的特殊提交义务，必须在快速执行的检索程序中记录特定IP号码的用户身份，并且在联邦宪法法院给定的过渡期内实现。

⑤对于计算机数据和电子终端设备进行解密和解除安全保护的特殊规定（特别是**披露义务和解密令**）。

⑥暂时的数据保全紧急程序(**快速冻结**)。

此外，可以提出对于访问数据和将数据作为证据进行使用的

第五部分　结　论

建议，并且纳入《刑事和行政处罚程序的指令》。应当继续加强一般培训，在侦查机构和司法机关中建立特别部门以及内部联网——还有和外国部门的联网。

四、危险防范和预防

①在这份鉴定报告的问题框架下，对当前有争议的留存数据存储给出一般性建议，是不可能的，因为政治问题远超出了现在的主题。目前，对于相关的一般性意见来说也缺乏足够的数据基础。

但是，应当对网络调查至关重要的数据领域作出明确且即时的决定，该领域记录了动态分配的 IP 号码分配给各自用户的情况。相应的——更少干预强度的——留存数据存储对网络犯罪的调查来说具有非常大的意义，应当不考虑关于对往来数据和定位数据的"大规模留存数据存储"的决定，而尽可能快地对此进行规范。

②应当否定阻断特定网络数据的义务。反之，应当创建能够在源头上删除非法数据并且调查其制作者的程序。此外，应当要求国际联网的网络举报办公室，将对非法内容的相关举报转交给存储该非法内容的主机服务商，并且在相关答责性规则的基础上通过刑事处罚的威慑使主机服务商删除数据。

五、国际合作

网络犯罪的刑事执行在很大程度上依赖国内刑事执行体系之

间的国际合作。为了完善这种合作,尤其应当采取以下措施:

①在区域和国际组织的框架下,推进实体和程序的国内刑法的和谐化。

②缔结国际条约以实现机构和司法协助,以及在更多的国际法条约中许可网络中的单方跨境侦查(没有此种条约则会侵害他国主权)。

③通过建立国际和超国家的机制来发展计算机领域的合作法,以实现刑事领域的共同协作,也应逐步赋予此机制在全球网络空间中的执行权。

译后记

2012年9月18日至21日，第69届德国法学家大会（Deutscher Juristentag）在德国巴伐利亚州首府慕尼黑举行。德国法学家大会由成立于1860年的德国法学会组织举办，每两年在德国不同城市召开一次会议，是德国乃至世界法学界久负盛名的学术大会。在2012年第69届德国法学家大会开幕的第二天，刑法分组会议正式开始，主题报告的作者是马克斯·普朗克外国刑法与国际刑法研究所所长乌尔里希·齐白教授（Prof. Dr. Dr. h.c. mult. Ulrich Sieber）。他的主题报告长达157页，早在几个月前便已经正式付梓出版，并由德国法学会寄发给各位会员，这一主题报告随后照例收录在德国法学家大会的会议出版物中。这份主题报告的题目正是《网络中的刑事犯罪与刑事追诉》，这便是本书的来由。

本书作者齐白教授是著名的德国刑法学家。他的学术生涯始于弗莱堡大学。自1973年起，他开始担任弗莱堡大学的研究助理。1977年，他师从被誉为"经济刑法之父"的著名德国刑法学家克劳斯·梯德曼教授（Klaus Tiedemann），完成了题目为《计算机犯罪和刑法》的博士学位论文，并于1987年在梯德曼教授的指导下完成了《关于实体刑法和刑事诉讼法之间关系》的教授资格论文,自此开启了他相继在拜罗伊特大学、维尔茨堡大学担任刑法、刑事诉讼法和信息法教席教授的任教生涯。在东京大学担任客座教授一段时间后,齐白教授最终接任了克劳斯·罗克辛教授(Claus Roxin)在慕尼黑大学的教席。毋无疑问齐白教授早在博士期间所开始的研究是非凡的、具有开创性意义的。他在这次主题报告发言的开始,便回顾了他在弗莱堡大学撰写博士论文期间的经历。他讲到:"我的博士生导师梯德曼教授,当时对于我博士论文的研究对象是否存在,是持怀疑态度的。关于这个题目仅有的两篇文章都是在讨论,这种新型犯罪是'虚构的还是真实的'。"我们不难想象,在以 Apple Ⅱ(1977 年发布)和 IBM PC(1981年发布)为代表的个人计算机刚刚问世的那个年代,齐白教授就已经明确地提出了计算机犯罪的清晰概念,对计算机经济犯罪进行了全面的梳理,并且详细考察了德国刑法的适用可能与障碍,甚至还提出了以计算机信息系统和数据为核心创设计算机刑法体系的全面改革计划,这该是多么具有先驱性和前瞻性的研究视野!在本书中,齐白教授一再提及一个事实,就是在计算机和网络刑法领域的理论研究和立法实践,德国可谓欧洲乃至世界的先驱者。毋庸置疑,其中当有齐白教授所做出的巨大贡献。

齐白教授除了关注当前信息社会和风险社会中数字化产生的新风险带来的根本挑战,还把目光投向全球,旨在分析全球范围内的信息社会与风险社会所带来的复杂跨国犯罪问题。为此,他提倡通过新的合作机制和超国家刑法来创建一个跨国有效的刑法,推进相关法规在国际上实现和谐统一,并且主张进一步发展信息刑法以及新形式的犯罪预防的概念。以此为研究目的，2004年齐白教授在马克斯·普朗克研究所创立了他的研究项目，他则作为耶塞克教授（Hans-Heinrich Jescheck）和埃塞尔教授（Albin Eser）的继任者，于2003年至2019年担任弗莱堡马克斯·普朗克外国刑法和国际刑法研究所（以下简称"马普所"）所长。在此期间，他与欧洲、北美、南美洲、亚洲和巴尔干半岛的诸多国家都建立了长期的学术交流机制，特别是他对网络刑法的研究，极大地影响了法律实践以及德国和欧洲的刑事政策，并且这种影响通过以马普所为中心的学术交流活动逐步辐射到全球。

我们可以在这份2012年的报告中一窥齐白教授多年研究的积累，以及他对于网络犯罪与网络刑事追诉法律框架的集大成式的总结和评论。在沉淀了许多年的学术理论研究与法律实践后，齐白教授回顾了德国与国际法律层面在实体刑法、刑事诉讼法、危险预防法律框架和刑事国际合作机制四个方面所面临的现实挑战与已经实现的法律回应，同时也对现有刑事法律体系仍然存在的诸多问题进行了全面反思，并提出了相应的法律改革方案。现在距离这份主题报告已经过去10年有余，我们可以看到，书中所提出的一些法律改革设想已经变为现实。比如，针对原德国《刑法》第11条第3款中以有形载体为对象的"文书"（"Schriften"）概念无法适应以非有形的数据为对象的数字媒体中非法内容犯罪构成要件的这一问题，于2020年11月30日通过并于2021年1月1日正式生效的德国刑法第60次修正案重新构建第11条第3款中的文书概念，将在信息网络中传播、没有存储载体的内容一概包括进来，并且体系性地全盘适用于德国刑法分则中所有以非有形的

"内容"为行为对象的条文,从而对此问题彻底地予以解决。这既佐证了齐白教授在网络刑法领域出众的学术前瞻性,也为其他国家的理论与实践提供了指引与参考。但是,我们也遗憾地观察到,这份报告中所提出的许多问题,仍然处于有待解决的状态中,尚没有实质性的进展。这些问题也为德国乃至世界各国的网络刑法研究提供了理论上的启发。

我国在1997年的刑法典中首次增加了计算机刑法的相关条文,随后的《刑法修正案(七)》与《刑法修正案(九)》进一步完善了刑法分则的相关立法。相比于德国在1986年《第二次打击经济犯罪法案》中已经在刑法分则增加计算机犯罪相关条文的立法实践,我国网络刑法的起步显然较为迟滞。但是,中国的互联网技术与产业发展之迅猛有目共睹,中国已然跻身网络大国、网络强国之列,随之而来出现了大量网络新型犯罪,网络刑法也在理论与实践方面不断发展完善。这份报告虽然是着眼于德国网络犯罪与网络追诉的主题,但是网络技术与产业乃至网络犯罪的现实,对各国来说是存在高度相似性的,因此本书也能为中国网络刑事法律制度的完善提供比较法方面的启发。同时,本书也涵盖了对于国际法律制度的整理,并且始终是从全球性犯罪控制与预防的目的出发来展开思考,这同样也是中国网络刑事法律制度建设所应当具备的视野与高度,颇有借鉴意义。

译者于2014年赴德攻读博士学位,师从齐白教授研究网络刑法。在留德期间,承蒙时任马普所中国事务部研究员周遵友博士(现任中南民族大学教授)的照顾与抬爱,获得翻译齐白教授这本报告的宝贵机会。周教授为马普所与中国学术界之间数年间的

译后记

交流做出了相当重要的贡献。此外，北京大学江溯教授也一直致力于中德刑法学界的对话，曾多次赴马普所组织中德学术交流会议，译者因此有幸得以结识。江教授为本书中文译本的出版起到了至关重要的作用，若非他的帮助，译本绝无可能如此顺利面世。在此，译者深深地感谢两位老师和马普所前辈对于此译本的重视，对于中德刑法学术的责任心以及对译者本人的厚爱关照。

2023 年 4 月 10 日，于北京减畔